D1725181

curiosamente

VIVAVENEZIA

ELZEVIRO

C'è una città di questo mondo,
ma così bella, ma così strana,
che pare un gioco di fata Morgana
o una visione del cuore profondo.
Avviluppata in un roseo velo,
sta con sue chiese, palazzi, giardini,
tutta sospesa tra due turchini,
quello del mare, quello del cielo...

Diego Valeri

Paola Zoffoli - Paola Scibilia

VIVAVENEZIA

una guida per esplorare,
imparare e divertirsi

ELZEVIRO

VIVAVENEZIA
una guida per esplorare,
imparare e divertirsi

© Elzeviro, Terza edizione 2005

coordinamento grafico
e direzione editoriale
Alessandro Tusset

testi
Paola Zoffoli © 1998

illustrazioni
Paola Scibilia © 1998

consulenza grafica
Scibilia&Scibilia

consulenza redazionale
Fiorella Bulegato

stampa
Centrooffset Master

EDIZIONI ELZEVIRO
via Armando Diaz 20, Treviso
web-site: *www.elzeviro.com*
e-mail: *info@elzeviro.com*

ISBN 88-87528-00-4

Ringraziamo di cuore Guido Lion
(per le consulenze storiche e l'aiuto nel com-
plesso lavoro di revisione del testo), Fabrizia
Maschietto (per la gentile assistenza), Michelle
Lovric (per i preziosi consigli) e Gianfranco
Vianello (vero venexian felice
di condividere con noi le curiosità e
i segreti di questa città straordinaria).
Vorremmo esprimere la nostra gratitudine
anche ai bambini e ai ragazzi di Venezia che
hanno collaborato partecipando con grande
entusiasmo alle interviste per la preparazione
del capitolo "Venezia per giocare", senza
dimenticare tutte le altre persone che ci
hanno aiutato in questo appassionante lavoro.
Vogliamo infine ringraziare Venezia,
città magica e affascinante di cui siamo
da sempre profondamente innamorati.

Questa guida è dedicata
a Giulia, Matteo, Sonam Gyatso,
Andrea, Jacopo e a tutti quelli
che amano Venezia.

Sommario

Se piove

Le isole della laguna

Venezia per giocare

Venezia popolare e letteraria

Ricordi di viaggio

Prefazione

Nessun altro luogo al mondo riesce, meglio della magica Venezia, ad esprimere l'idea di viaggio fantastico alla scoperta dei segreti di una città. Quasi sospesa tra mare e cielo, in una dimensione di sogno dove il tempo sembra essersi fermato, Venezia è lì, gloriosa testimone dei fasti che ne hanno segnato la lunga storia: quella di una città ingegnosamente "rubata al mare" e che dal mare ha tratto l'energia per diventare un simbolo di intramontabile bellezza.

Ci è sembrato quindi indispensabile dedicarle questa guida: una "mappa" dettagliata con cui avventurarsi in una sorta di "caccia al tesoro"… poiché di questo si tratta! Ecco che allora le pagine riccamente illustrate del libro sono pronte a svelarti tutti i segreti della Venezia di ieri e di oggi, attraverso i miti, le leggende, le tradizioni popolari, i suoi personaggi più illustri e gli eventi che la hanno resa tanto famosa. Ed oltre agli itinerari classici – quelli di visita a innumerevoli chiese, palazzi e musei – fantasticando un po', ti farà apprezzare le suggestioni di un'altra Venezia, una Venezia labirintica, intricata ragnatela di tortuose callette dove ci si perde e ci si ritrova, dove passeggiare tranquillamente cullati dal rumore dell'acqua o dal vociare in dialetto del posto può essere di per sé una vacanza.

Ora dopo ora, dall'alba al tramonto, sono mille le Venezie che illuminano lo sguardo di chi la osserva, perché mille sono le atmosfere di luce che la avvolgono in quel suo misterioso "galleggiare". E così, nell'emozionante scoperta di tanta ricchezza (talvolta nascosta al turista un po' distratto) o semplicemente nell'abbandono alle sensazioni dell'anima, come un fedele compagno di viaggio, la tua guida ti aiuterà a cogliere gli aspetti più curiosi e affascinanti di questa città incantata, collegandoli tra loro fino ad ottenerne, quasi per gioco, una visione più completa, profonda e originale da fissare per sempre nei tuoi ricordi.

Alessandro Tusset

Piscina di S. Alvise

Ghetto

Parco di Ca' Savorgnan

Ca' d'Oro

Museo di storia naturale

Ca' Pesaro

Ca' Mocenigo

Tronchetto

Campo San Polo

Chiesa dei Frari

Casa di Goldoni

Canal Grande

Scuola di San Rocco

Campo Santa Margherita

Palazzo Grassi

Campo Santo Stef

Ca' Rezzonico

Accademia

Collezione Guggenhein

Stazione marittima

Zattere

Canale della Giudecca

Piscina di Sacca Fisola

Giudecca

Redentore

Venezia

Murano

San Michele

Torcello e Burano →

San Zanipolo

Chiesa dei Miracoli

Scuola di S. Giorgio degli Schiavoni

Rialto

Museo Querini Stampalia

Arsenale

S. M. Formosa

San Marco

Chiesa della Pietà

San Pietro di Castello

Museo Correr

Museo di storia navale

Riva degli Schiavoni

Chiesa della Salute

Giardini della Biennale

Giardini di Sant'Elena

San Giorgio

Lido →

Zitelle

Storia

Il leone di San Marco

Venezia e i leoni

A Venezia il **leone alato** è sicuramente l'immagine che puoi trovare con maggior facilità; esplorando la città e curiosando per campi e campielli ⤸ pp. 29-30 ne scoprirai tantissimi. Solamente in Piazza San Marco ne compaiono almeno quattordici.

Nella **Piazzetta dei Leoncini**, accanto alla *Basilica di San Marco* ⤸ pp. 82-83, ce ne sono due molto apprezzati dai bambini più piccoli per una bella cavalcata. Sai scoprire dove si trovano gli altri?

Per vedere una schiera di statue di leoni, addirittura quattro, basta andare all'*Arsenale*, il luogo in cui i veneziani costruivano e riparavano le imbarcazioni della Repubblica, oggi adibito a zona militare. ⤸ p. 99

I due leoni più grandi che stanno di guardia all'entrata, furono portati come bottino di guerra dal Pireo, il porto di Atene.

Il gonfalone di Venezia
È il vessillo della Repubblica Serenissima: rappresenta il leone alato, protettore della città, disegnato in oro su sfondo rosso scuro.

Il leone alato

È raffigurato con il libro del Vangelo aperto, dove appare l'iscrizione PAX TIBI MARCE EVANGELISTA MEUS (Pace a te, Marco, mio evangelista).

Secondo la leggenda, un angelo avrebbe pronunciato queste parole a San Marco quando si trovava nelle isole della laguna per predicare, annunciando così la pace del riposo eterno che l'evangelista avrebbe trovato proprio nella città lagunare.

Il corpo del santo è infatti ancora oggi sepolto a Venezia, all'interno della Basilica di San Marco. ↶ pp. 82-83

San Marco

Inizialmente il patrono di Venezia era *San Teodoro*, ma successivamente i veneziani scelsero San Marco per proteggere e rappresentare la loro città che stava crescendo in potenza e ricchezza. Per questo nel IX secolo i due mercanti veneziani *Rustego* e *Bon* (Rustico e Buono) trafugarono le sue spoglie da *Alessandria d'Egitto*. Secondo la leggenda, per evitare i controlli dei musulmani il corpo del santo fu ricoperto con pezzi di carne di maiale, cibo proibito dalla religione islamica. Con questo stratagemma poté viaggiare senza essere scoperto fino a Venezia, dove venne custodito nella Basilica. Il leone alato, simbolo dell'*evangelista Marco*, è diventato da allora l'emblema della città; al santo è stata dedicata la splendida chiesa che si trova in Piazza San Marco. San Teodoro e il leone alato sono rappresentati sulle due colonne che si trovano di fronte al *bacino di San Marco*.  p. 90

Leone di guerra
In tempo di guerra, il leone
veniva raffigurato con il libro
chiuso e la spada in pugno per
difendere la città, diventando così il
simbolo della potenza militare della
Repubblica Serenissima.

La nascita della città

421 d.C. Secondo la tradizione, il 25 marzo viene fondata Venezia.

450-453 d.C. Iniziano le invasioni barbariche nell'Italia settentrionale.

570 d.C. Alcuni profughi provenienti dalle città del Veneto
si stabiliscono nelle isole della laguna per sfuggire alle invasioni.

639 d.C. Uno dei primi insediamenti sorge nell'isola di *Torcello*, dove il *vescovo di Altino* si rifugia con un gruppo di profughi fondando la *cattedrale di Torcello*. ↝ p. 118 Inizialmente la comunità è sotto la protezione di un funzionario imperiale di Bisanzio.

697 d.C. Viene eletto il primo *dux* locale (doge) che, secondo la leggenda, è *Paoluccio Anafesto*. ↝ p. 90

VIII sec. d.C. Il centro del potere bizantino si trasferisce da *Eraclea* a *Malamocco*, sull'isola del *Lido*. ↝ p. 115 Si rafforzano i contatti commerciali con i porti della costa adriatica, grazie alla posizione strategica della città lagunare nel commercio del sale.

810 d.C. Il doge eletto a Malamocco si sposta verso il centro della laguna, nella zona di *Rivo Alto* (che corrisponde alle isole attorno a Rialto ↝ p. 92).

814 d.C. Inizia la costruzione del primo Palazzo Ducale. ↝ p. 87

828 d.C. I due mercanti veneziani *Rustego* e *Bon* trafugano il corpo di San Marco da Alessandria d'Egitto. ↝ p. 17
Il leone alato diventa il simbolo di Venezia, che afferma così la sua indipendenza religiosa e politica da Bisanzio.

1000 d.C. Si celebra la prima *Sensa*, la cerimonia dello sposalizio col mare p. 111 per festeggiare la vittoria del doge *Pietro Orseolo II* contro i pirati dell'Adriatico. Grazie agli scambi commerciali, il potere economico e politico di Venezia cresce. È pronta per conquistare il Mediterraneo orientale: nasce così la *Repubblica Serenissima*.

Giochiamo insieme

L'immagine misteriosa

Con i tuoi colori preferiti riempi le aree che contengono il puntino e scoprirai cosa si nasconde dentro il quadro.

La Repubblica Serenissima

Posizione strategica

Con le Crociate la Repubblica Serenissima riesce a mettere le basi in Oriente per i propri traffici commerciali, rafforzando così il suo potere nel bacino del Mediterraneo.

territori conquistati dalla
Repubblica Serenissima

Diplomazia

Venezia diventa presto così potente politicamente che nel 1177 il doge *Ziani* fa da mediatore nella riconciliazione tra l'imperatore del Sacro Romano Impero *Federico Barbarossa* e il papa *Alessandro III*.

Astuzia

La Serenissima sfrutta la *IV Crociata* per sconfiggere Bisanzio: in cambio della flotta fornita, il doge *Enrico Dandolo* ➤ p. 90 convince gli altri crociati ad assediare Costantinopoli, che viene conquistata nel 1204. La vittoria offre ai veneziani interessanti privilegi commerciali.

Sistema politico "oligarchico"

Il sistema governativo su cui si basa la Repubblica reggerà per oltre mille anni. Oltre al doge, i cui poteri sono limitati dalla *Costituzione veneziana*, c'è il *Consiglio dei Dieci* (che giudica i crimini contro lo Stato) e il *Maggior Consiglio*, (composto da circa duemila membri di famiglia nobile, iscritti nel *Libro d'Oro*), che hanno il compito di eleggere il doge e gli altri magistrati. Questo sistema viene definito "oligarchico", parola che deriva dal greco e significa governo di pochi. ➤ p. 89

Marco Polo: l'incredibile viaggio di un mercante veneziano

Nel 1261 il giovane Marco Polo, nato vicino a Rialto ➤ p. 92 in *Corte del Milion* parte per la Cina con il padre *Nicolò* e lo zio *Matteo*. Dopo quattro anni di viaggio i tre mercanti veneziani raggiungono *Cambaluc*, l'odierna Pechino. Accolti con tutti gli onori, rimangono alla corte del *Gran Kublai Khan* per oltre vent'anni. Durante il soggiorno cinese Marco Polo diventa amico del Gran Khan, ottenendo anche l'incarico di diplomatico. Si interessa molto alla produzione dello zucchero, delle spezie, della seta e del cotone, prodotti particolarmente preziosi per l'Occidente. Tornato in patria, viene fatto prigioniero dai genovesi; rinchiuso in prigione, detta in francese i suoi ricordi di viaggio al compagno di cella *Rustichello da Pisa*. Il racconto è il famoso *Il Milione*.

Caterina Cornaro: la bella regina di Cipro

Nel XV secolo la Serenissima mira ad impadronirsi dell'isola di Cipro. *Caterina Cornaro*, gentildonna di nobile famiglia veneziana, sposa nel 1472 *Giacomo II di Lusignano*, sovrano di Cipro. Ma appena un anno dopo le nozze, Caterina è incinta e rimane vedova; la leggenda racconta che l'erede neonato viene avvelenato dai veneziani che vogliono ottenere il controllo dell'isola. Caterina sale al trono e governa fino al 1489, quando viene richiamata a Venezia. Ricevuta con gli onori riservati solo ai grandi sovrani, Caterina cede Cipro alla Serenissima e in cambio ottiene il feudo di Asolo, antico borgo vicino a Treviso. Ancora oggi in ricordo di questi festeggiamenti si svolge in Canal Grande la *Regata storica*. ↝ p. 63

La città imprendibile

Nel XV e XVI secolo Venezia diventa una grande potenza: ha conquistato la parte nord orientale d'Italia (*Stato da tera*) e, dopo aver neutralizzato la Repubblica marinara di Genova, ha il monopolio dei traffici commerciali nell'Adriatico – chiamato anche "Golfo di Venezia" – e nel Mediterraneo (*Stato da mar*). Costruita in gran parte in legno, la città cresce e si espande rapidamente. Il cantiere navale dell'*Arsenale* lavora incessantemente alla costruzione e al potenziamento della flotta. ↝ p. 99

Il legno diventa quindi un elemento strategico estremamente prezioso per la sopravvivenza della Serenissima: inizialmente proviene dai boschi dell'entroterra veneto come il Cansiglio e il Montello; poi, in seguito al disboscamento, dal Cadore, dall'Istria e dalla Dalmazia.

Il legname viene anche utilizzato per la costruzione delle *briccole* ↝ p. 49, i grandi pali che segnano la viabilità dei canali lagunari. È sufficiente che i veneziani tolgano questa segnaletica e qualsiasi nave nemica finisce impantanata nelle basse acque della laguna diventando facile preda: la città è inattaccabile dai suoi nemici.

La lotta contro i turchi e il declino

Oltre al pericolo rappresentato dalla *Lega di Cambrai* (1508) che
vuole distruggere la Serenissima, Venezia deve affrontare i turchi che
conquistano vari possedimenti avanzando sempre di più. La vittoria
della flotta veneziana sui turchi nella *battaglia di Lepanto* (1571) non
è definitiva e Venezia continua a perdere parte dei suoi territori.

Nel XVII secolo la Serenissima entra in crisi: subisce due tremende epidemie di peste
↷ p. 79 e perde il monopolio dei commerci marittimi, che si spostano nei Mari del
Nord e nelle Americhe. Comincia così il declino della grande Repubblica marinara
che, con l'invasione napoleonica del 1797, cesserà per sempre di esistere. ↷ p. 40

Giochiamo insieme

Sulle orme di Marco Polo

Congiungi i punti e scoprirai il percorso compiuto da Marco Polo durante il suo
lunghissimo viaggio descritto nel libro *Il Milione.*

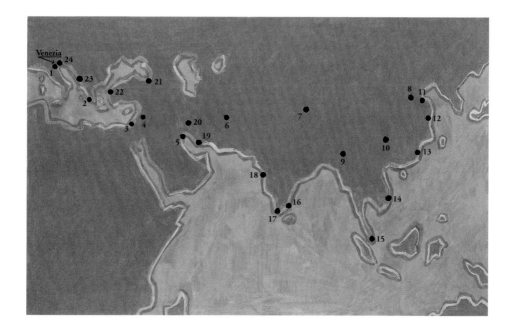

Venezia oggi

Venezia è capoluogo provinciale e regionale. Attualmente i suoi abitanti si sono notevolmente ridotti di numero, sia a causa degli alti costi degli alloggi (molti dei quali appartengono a stranieri, che li usano solo per un paio di settimane all'anno), sia per le difficoltà di trovare un posto di lavoro. Oggi ci sono soltanto 70.000 residenti (nel 1950 arrivavano invece a 150.000), contro i 240.000 di Mestre. Ogni anno, circa 2000 abitanti lasciano Venezia per trasferirsi altrove. Questo fenomeno chiamato "esodo", ha causato un invecchiamento della popolazione: oggi l'età media si aggira intorno ai 50 anni. A differenza di altre città italiane, in giro non si vedono tanti bambini; scuole e asili sono sempre meno affollati. Le giovani coppie tendono infatti a trasferirsi in *terraferma*, termine con cui i veneziani definiscono non solo la città di *Mestre* (che forma un comune unico con Venezia), ma tutto il resto del territorio che sta oltre il **ponte della Libertà**.

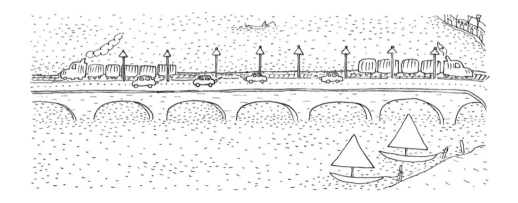

La costruzione del ponte, prima ferroviario (1846), poi stradale (1932), ha rivoluzionato completamente la posizione di Venezia: la città isolata, raggiungibile solo via acqua, è stata congiunta alla terraferma.

L'aeroporto Marco Polo a Tessera (13 km da Venezia) collega la città con il resto del mondo. Chi arriva in automobile deve lasciarla in un **parcheggi a pagamento del Tronchetto** o di **Piazzale Roma**. A Venezia si può entrare solo a piedi o in barca!

L'economia

Lo sviluppo e la ricchezza economica di Venezia sono da sempre legati alla sua particolare condizione geografica di città lagunare. La **pesca** e il **commercio marittimo** sono le attività più tradizionali. Le **costruzioni navali** e le **attività portuali** rappresentano un altro aspetto dell'attività economica della città, soprattutto da quando è stato costruito il nuovo porto per ospitare le grosse navi da crociera che qui fanno tappa.

Lo **sviluppo industriale** è concentrato soprattutto nella zona di **Porto Marghera** e costituisce una voce importante dell'economia veneziana. I settori più produttivi sono la chimica, la meccanica e la metallurgia. L'**agricoltura** è specializzata in colture di frutta e ortaggi, che sono concentrate principalmente nelle isole della laguna, come *Le Vignole* e *Sant'Erasmo*. ↷ p. 113

Di una certa rilevanza sono anche tutte le attività dell'**artigianato**: produzione vetraia, del merletto, delle maschere, della carta marmorizzata e dei tessuti di lusso, ma anche doratura e restauro dei mobili, legatoria e oreficeria. ↷ p. 64 Ma la vera ricchezza oggi è rappresentata dal **turismo**: ogni anno si contano oltre 12 milioni di visitatori. Questo settore importantissimo per l'economia veneziana, offre possibilità di lavoro al personale di alberghi, ristoranti, cooperative di motoscafisti e gondolieri, agenzie specializzate in assistenza turistica e negozianti.

Vivere a Venezia

Vivere a Venezia significa vivere in un posto magico, veramente speciale. È una città costruita sull'acqua: niente auto, dunque, né moto o motorini. Neanche biciclette, dato che per attraversare il numero elevatissimo di ponti si finirebbe per portarsele sempre in spalla: scalini e ruote non vanno affatto d'accordo! Il fatto di camminare tra la gente offre molte occasioni di incontro: esci per comprare il pane e trovi inevitabilmente qualcuno che conosci, ti fermi a fare due chiacchiere senza l'assillo del parcheggio, impari a prendertela con calma. In questo senso Venezia ha un ritmo che è molto più a "misura d'uomo".

Ti capiterà sicuramente di incontrare dei veneziani che attraversano i ponti con i carrelli pieni di spesa. Questa è una città che insegna a misurarsi con le proprie forze: tutto quello che occorre bisogna portarselo a casa a forza di braccia, quindi si sta più attenti a non acquistare cose inutili. Inoltre, non esistono grandi supermercati né centri commerciali: al loro posto, ci sono piccole botteghe dove la scelta tra le diverse marche non è mai troppo complicata (per esigenze di spazio, la merce esposta è piuttosto "essenziale"). Dappertutto sentirai parlare in dialetto: il *venexian* è la lingua che distingue i veneziani dai *foresti* (cioè i non-veneziani) e ancora oggi è molto diffuso in tutti gli ambienti sociali.

... e in internet?

Se il computer ti appassiona e vuoi trovare altre informazioni, cercale a questi indirizzi internet:

www.turismovenezia.it
www.govenice.org
www.virtualvenice.net
www.venetianlegends.it
www.venetia.it

 # Curiosità

Quanti ponti ci sono a Venezia?

416 ponti che collegano tra loro 118 isole della laguna attraverso circa 200 canali.

Cosa erano le Scuole Grandi?

Erano grandi corporazioni di mestiere che riunivano persone che facevano lo stesso tipo di lavoro, ma anche istituti di carità che assistevano i poveri e confraternite religiose. Oltre a varie *Scuole minori*, a Venezia c'erano sei *Scuole Grandi*, ognuna con il suo santo protettore: *Santa Maria della Misericordia*, *Santa Maria della Carità*, *San Giovanni Evangelista*, *San Marco*, *San Rocco* ↝ p. 95 e *San Teodoro*.

Qual è il significato della parola ciao?

Viene dal veneziano *s'ciavo vostro* (schiavo vostro), forma di cortesia con cui si usava salutare.

In cosa consistono i cicheti?

Sono degli stuzzichini che si consumano nei *bàcari* (tipici bar veneziani). Sono a base di carne (come le polpettine), di verdure (grigliate o spadellate) o di pesce (come le tartine di baccalà, gli spiedini di pesce fritto o le *sarde in saor*, cioè marinate con cipolle, pinoli e uvette, antico metodo di conservazione dei cibi).

La laguna si è mai gelata?

Sì, più di una volta in occasione di inverni particolarmente rigidi, come nel 1432, quando i veneziani raggiunsero per la prima volta a piedi la Terraferma (allora non esisteva ancora né il ponte della Libertà né la rete ferroviaria, quindi si arrivava esclusivamente via mare) e, più recentemente, nel 1929.

Architettura

Lo sai che...

Rio
Si chiamano così
i canali, che come
tante vie d'acqua
attraversano
la città.

Fondamenta
È la strada che
fiancheggia
il canale.

Campo
Prende questo
nome la piazza
veneziana, che un
tempo era ricoperta
d'erba.

Calle
Si chiama così la
strada, la via o il
vicolo di Venezia.

Vera da pozzo
In marmo o pietra scolpita, è la parte visibile dei pozzi e del loro complesso sistema
sotterraneo di raccolta, filtraggio e conservazione dell'acqua piovana resa potabile.

La **calletta** è una stradina stretta, molto più piccola della calle.

Il **fumaiolo** è la cima del camino, che ha generalmente la forma di un tronco di cono rovesciato, come quello di una locomotiva. Può assomigliare anche a un elmo, a un cappello a tuba, a un dado o a un obelisco.

Il **campiello** è una piazzetta di dimensioni ridotte rispetto al campo.

Ramo indica una calle laterale corta; spesso è chiusa ed equivale al vicolo cieco.

La **riva** fiancheggia la laguna o il canale ed è un bordo lastricato su cui si può attraccare.

Il **sottoportego** è un breve passaggio coperto che passa sotto un edificio.

La **salizada** è una via importante che, a differenza della calle, è lastricata con lastre di pietra silicea.

La **piscina** era un terreno paludoso dove l'acqua ristagnava, oggi interrato.

La **ruga** deriva dal francese *rue* (via): indica una calle su cui si affacciano molti negozi.

La **corte** è una specie di piccola piazzetta condivisa da più case.

Il **rio terà** è un canale che un tempo è stato riempito di terra per diventare una strada.

Sotto la vera da pozzo c'è una cisterna riempita di sabbia, che serviva per filtrare l'acqua piovana.

L'**altana** è la tipica terrazza veneziana in legno, costruita come un nido sul tetto dell'abitazione.

Lo **stazio** è il pontile a pensilina dove sostano le gondole.

Il **campanile**, quasi sempre a base quadrata, era usato anche come torre di controllo per l'avvistamento. Sulla facciata a volte spicca un bell'orologio.

Il **sestiere** è uno delle sei zone in cui è suddivisa Venezia: *Cannaregio, San Marco, Santa Croce, Castello, Dorsoduro* e *San Polo.*

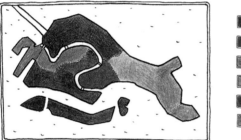

■ Cannaregio
■ San Marco
■ Santa Croce
■ Castello
■ Dorsoduro
■ San Polo

L'**indirizzo** di un'abitazione veneziana, a differenza di ogni altra città, non è costituito dal nome della calle ma dal nome del sestiere e dal numero sopra il portone. I numeri civici, raggruppati per sestiere, sono quindi progressivi e arrivano a cifre molto alte, anche oltre il seimila.

Aiuto! Mi sono perso nel labirinto veneziano!
L'intreccio di calli e callette è talmente aggrovigliato, che perdersi è una cosa assolutamente normale; i veneziani sono abituati a dare informazioni ai turisti incerti che hanno smarrito la strada. Se la cartina ti sembra incomprensibile e non sai più dove sei, non perderti d'animo: troverai sicuramente qualcuno che ti rimetterà sul giusto cammino.

Com'è costruita Venezia

Venezia è costruita sulle sottili strisce di terra che formano le isole della laguna.
Si sono sempre cercate delle soluzioni che consentissero agli edifici di essere elastici e di non pesare troppo. Questo spiega il grande uso di logge e arcate che permettevano di "svuotare" e alleggerire l'edificio, ma soprattutto il particolare

Il caranto

È costituito dal miscuglio di sabbia ed argilla che si trova negli strati più profondi del fondale lagunare.
Il *caranto*, è molto compatto e rappresenta una base molto solida per la costruzione delle *fondazioni*, poiché ha la proprietà di conservare il legno per secoli cementandosi ad esso.

Le fondazioni

Sono formate da grossi pali di larice o di abete che una volta conficcati nel caranto e sommersi in acqua salata diventano duri come la pietra. Su di essi poggia lo *zattaron*, una piattaforma composta da due strati di tavole di legno e uno strato di pietra e mattoni cementati tra loro, che viene poi sigillata con grossi blocchi di *pietra d'Istria*, una varietà di marmo molto resistente all'acqua di mare.

metodo usato per la costruzione. Tale arte fu appresa più di mille anni fa, quando si scoprì che i pali di legname proveniente dai boschi di larice della Serenissima, una volta conficcati nell'argilla del fondale, stando a contatto con l'acqua salata, nel tempo diventavano duri come la pietra.

L'opera di muratura

A questo punto si procede con l'opera di muratura vera e propria, innalzando dalle fondazioni i *muri maestri*. Ad essi vengono fissati i *solai* costituiti da travi in legno ricoperte di tavole, su cui va posato il *terrazzo*, un pavimento composto da un impasto di calce mescolata a pezzetti di pietre e marmo colorato, che viene battuto, stuccato, lisciato e infine lucidato.

L'intonaco del palazzo

La facciata può avere i mattoni a vista o essere intonacata. Spesso è rivestita di "coccio pesto", un tipico intonaco veneziano di color rosso mattone, che si ottiene frantumando e mescolando alla calce piccoli pezzi di mattoni e tegole.

Il Canal Grande

Venezia ha la forma di un grosso pesce tagliato a metà dal Canal Grande. Questo serpentone è lungo circa 4,2 chilometri con profondità tra i 3 e 5 metri. Divide la città in due parti: da un lato i sestieri di Dorsoduro, San Polo e Santa Croce, dall'altro quelli di Cannaregio, Castello e San Marco. ⌁ p. 31
Ha soltanto quattro grandi **ponti** che lo attraversano.

Il "**quarto ponte**" sul Canal Grande è opera dell'architetto spagnolo *Santiago Calatrava*. Collega *Piazzale Roma* alla *stazione ferroviaria* tramite una moderna passerella arcuata realizzata in vetro, acciaio e pietra d'Istria.

Il **ponte degli Scalzi** prende il nome dalla vicina *chiesa degli Scalzi*, costruita dai *frati carmelitani*, che portavano sandali senza calze (anche d'inverno).

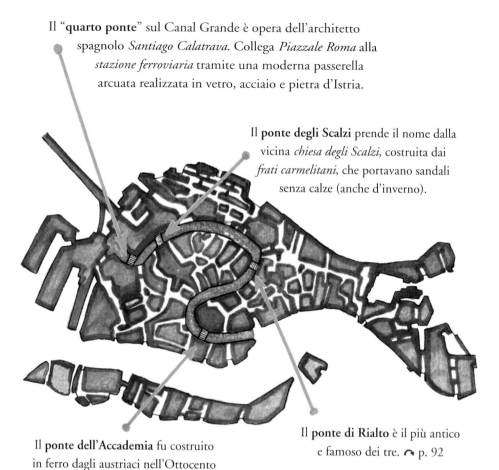

Il **ponte dell'Accademia** fu costruito in ferro dagli austriaci nell'Ottocento e rifatto in legno successivamente.

Il **ponte di Rialto** è il più antico e famoso dei tre. ⌁ p. 92

Percorrendo in gondola o in vaporetto il Canal Grande, chiamato affettuosamente in dialetto *Canalazzo* potrai ammirare i bei palazzi che si affacciano su questa ampia via d'acqua. Vedrai i più importanti edifici costruiti tra il XIII e il XVIII secolo appartenenti alle grandi famiglie nobili, il cui nome ancora oggi serve per indicare il palazzo: *Vendramin, Tron, Michiel, Venier, Foscari, Corner, Grimani, Barbarigo, Contarini, Pisani, Pesaro* e altri ancora. Tutti i palazzi si presentano sul Canal Grande con la facciata principale, spesso ornata di archi, loggiati, marmi colorati e ampie finestre. Oggi alcuni di questi edifici sono diventati sedi di uffici (come *palazzo Balbi*, dove si trova il Consiglio regionale del Veneto), di musei (come *Ca' Rezzonico*, sede del museo del Settecento veneziano p. 105), o di università (come *Ca' Foscari*).

Palazzo Grassi
È sede di prestigiose mostre
d'arte di livello internazionale.
telefono 041 5231680
🚤 San Samuele

Gli stili dei palazzi

I palazzi più antichi, come *Ca' Farsetti* o *Ca' Loredan*, si rifanno allo **stile veneto-bizantino** (XIII secolo). Hanno la struttura delle *case-fondaco*, abitazioni con *loggiato* al primo piano e *portico* al piano terra per il deposito delle merci. ⌒ p. 67

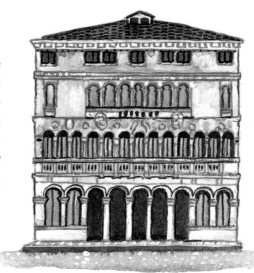

Ca' Farsetti

Ca' Foscari

Quelli del **periodo gotico** (XIV - prima metà XV secolo), come *Palazzo Ducale, Ca' Foscari, palazzo Pisani Moretta* o *Ca' d'Oro*, mostrano raffinate e preziose decorazioni che sembrano eleganti merletti.

Nei palazzi del **periodo rinascimentale** (XV e XVI secolo), come *Ca' Grimani* o *Ca' Vendramin Calergi* (oggi sede invernale del Casinò), le facciate si ispirano allo stile classico dell'antica Grecia e di Roma, sia nelle forme che nelle armoniche proporzioni.

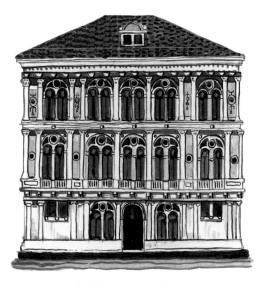

Ca' Vendramin Calergi

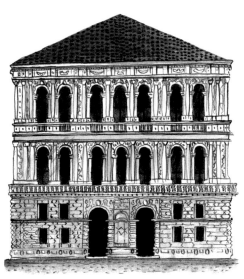

Ca' Pesaro

Quando trionfa il **gusto barocco** (XVII secolo), vengono costruiti palazzi di grande effetto scenografico, come *Ca' Rezzonico* o *Ca' Pesaro*, sulle cui imponenti facciate gruppi di statue e di colonne accentuano il gioco di luce e ombra.

Gli stili delle finestre

Le finestre dei palazzi veneziani sono
divise da colonnine e possono essere:
bifore cioè con due aperture
trifore con tre aperture
polifore con più aperture.

Trifora

Polifora

Le finestre più antiche
appartengono allo **stile
veneto-bizantino** e le puoi
riconoscere perché gli archi
hanno una forma particolare,
detta "a ferro di cavallo".

Le finestre del **periodo gotico**
sono spesso ornate con motivi
floreali e hanno la tradizionale
forma appuntita in alto.

*Per accentuare gli effetti di
chiaroscuro, nel periodo barocco le
finestre vengono riccamente adornate
con colonne, ghirlande e mascheroni,
a volte mostruosi.* ↬ p. 145

Bifora

Quando si afferma lo **stile
rinascimentale** gli archi delle
finestre diventano a semicerchio.

Il tipico palazzo veneziano

Il palazzo veneziano aveva tre funzioni:
pubblica, poiché rappresentava la famiglia nobile che vi abitava
commerciale, per i traffici e gli affari che si svolgevano al pianterreno
residenziale, in quanto ospitava la famiglia e forniva gli alloggi per la servitù.

La facciata più importante del palazzo dà sempre sul canale.

L'attico ospita le camere dei domestici.

La famiglia abita nel piano superiore.

Il piano nobile è riccamente decorato ed è utilizzato per le feste, i ricevimenti e l'intrattenimento degli ospiti.

Nel "mezzanino" (piano intermedio) ci sono gli uffici e gli archivi.

Al pianterreno si trovano i magazzini per gli scambi commerciali e le cucine.

Qualche volta sul retro c'è un giardino o una corte con il pozzo.

Sul canale l'accesso è consentito dalla porta acquea.

 # Curiosità

Chi pronunciò la famosa frase "Sarò come Attila a Venezia"

Napoleone Bonaparte, prima di dichiarare guerra e invadere Venezia il 1 maggio 1797. Il generale francese consegnò poi la città agli austriaci suoi alleati, contro cui si ribellarono molti patrioti veneziani (come *Daniele Manin* e *Niccolò Tommaseo*), seguaci delle idee rivoluzionarie del *Risorgimento*. Fu solo nel 1866 che Venezia si liberò dalla dominazione austriaca ed entrò a far parte del Regno d'Italia.

Quante università ci sono a Venezia?

Due, molto prestigiose: l'università di *Ca' Foscari* (con varie facoltà e corsi di laurea tra cui lingue e letterature straniere, lettere e filosofia, scienze matematiche, fisiche e naturali, economia e commercio ed economia aziendale) e lo *IUAV*, la famosa università veneziana di architettura.

Che cosa sono i tramezzini?

Sono dei triangoli di morbido pane in cassetta (tipo quello che si usa per fare i *toast*), farciti con maionese e vari gustosi ripieni: verdure (come spinaci o pomodori), funghi, prosciutto, uova sode, formaggi o pesce (come tonno, polpa di granchio, salmone o gamberetti).

Chi era il "codega"?

Era una guardia del corpo che di notte, accompagnava i nobili mascherati con la *bauta* ↝ p. 79 guidandoli con un lantern.

Cosa sono le Mercerie e la Frezzeria?

Sono due importanti strade che si trovano nei pressi di piazza San Marco. I loro strani nomi derivano dal fatto che nella prima un tempo c'erano numerose botteghe di merciai, profumieri e farmacisti, mentre nella seconda, in epoca medievale, si acquistavano le frecce.

Chi era Carlo Scarpa?

Un famoso architetto veneziano che ha saputo fare degli interventi di restauro senza distruggere o alterare lo spirito della città lagunare. Se ti interessa vedere come antico e moderno possono coesistere armoniosamente a Venezia, puoi visitare il *giardino di palazzo Querini Stampalia*, vicino a campo Santa Maria Formosa (restaurato da Carlo Scarpa nel 1962 circa). ⌒ p. 107

Come si chiamavano le famose navi da guerra veneziane?

Venivano chiamate *triremi* perché i rematori, che vogavano al ritmo di un tamburo suonato a poppa, erano disposti su tre file per ogni lato. Erano navi agili e veloci e affondavano quelle del nemico con la mazza e il cannone di prua.

Cosa sono i Tre Pili?

I tre grandi alberi di nave posti di fronte al portale della Basilica di San Marco, su quali nei giorni di festa sventolano la bandiera italiana, quella di San Marco e quella dell'Unione Europea.

Quali artisti sono rimasti affascinati da Venezia al punto di decidere di viverci, o di immortalarla nelle loro opere?

Numerosissimi, in ogni epoca e di ogni nazionalità. Tra i tanti, vi sono pittori famosi come Auguste Renoir, Claude Monet e William Turner, musicisti come Richard Wagner e scrittori come Dante, Petrarca, Johann Wolfgang Göethe, Stendhal, Lord Byron, Jonn Ruskin, Friedrich Nietzsche, Henry James, Rainer Rilke, Marcel Proust, Thomas Mann e *Gabriele D'Annunzio*.

Che cosa significa calle del Pistor, del Pestrin e del Fruttariol e perché sono così numerose a Venezia?

CALLE
DEL PISTOR

Sono nomi di calli che si ripetono frequentemente perché richiamano mestieri comuni: in veneziano infatti, il *pistor* è il panettiere, il *pestrin* è il lattaio, mentre *fruttariol* significa fruttivendolo.

Tradizione

La gondola

Da più di mille anni la gondola è la tipica imbarcazione veneziana. Una volta era usata principalmente per il trasporto delle persone, come collegamento tra i vari punti della città che allora aveva molti più canali e meno ponti. Oggi è soprattutto apprezzata dai turisti in visita a Venezia.

La gondola è lunga 11 metri; è dipinta di nero ⌒ p. 79, con una vernice impermeabilizzante ripassata in sette strati e la cui ricetta è segreta. Ha lo scafo allungato, il fondo piatto e la forma leggermente asimmetrica: questo permette al gondoliere di correggerne la direzione vogando con un solo remo. Ogni gondola è composta di circa 280 pezzi in legno e appartiene al suo gondoliere.

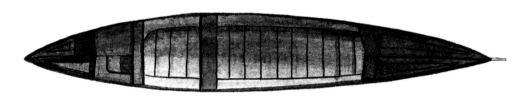

La palina

È il palo a righe colorate a cui va legata la gondola. Dipinto con i colori delle famiglie nobili assomiglia a un bastoncino di zucchero.

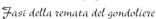

Fasi della remata del gondoliere

Il gondoliere

È il rematore che voga "alla veneta", cioè stando in piedi e usando un solo remo. Porta un cappello di paglia, pantaloni neri e una maglia a righe. Conosce tutti i canali di Venezia, anche quelli più nascosti e, secondo la leggenda, quando scende dalla gondola ha i piedi palmati per poter camminare sull'acqua. Sarà vero?

Il "fero"

È un elemento decorativo in ferro con sei denti che rappresentano i sei sestieri in cui è divisa la città ↻ p. 31: *Castello, San Marco, Cannaregio, Dorsoduro, San Polo, Santa Croce*. Il settimo dente, opposto rispetto agli altri, rappresenta l'*isola della Giudecca*. ↻ p. 113 Nella parte alta, la curvatura del "fero" ha la forma del copricapo del doge, simbolo del potere e della protezione esercitati sulla città.

La forcola

Si chiama così lo *scalmo* che sostiene il remo in otto posizioni diverse per dare differenti direzioni alla gondola. La forcola è scolpita in un unico blocco di legno, solitamente di noce, pero o ciliegio.

Gli squeri

Sono i cantieri in cui si riparano e si costruiscono le gondole secondo tecniche antichissime e molto complesse, tanto che in ciascun squero si costruiscono solo tre o quattro gondole all'anno. Uno dei più antichi è quello di San Trovaso, situato tra il ponte dell'Accademia e la riva delle Zattere.

Le gondole speciali

Per i matrimoni la gondola nuziale è ornata di fiori e i gondolieri, invece della divisa abituale, sono vestiti di bianco. Per i funerali la gondola funebre, che percorre il tragitto che separa dal cimitero ☞ p. 66, è decorata con angeli dorati.

Un giro in gondola

Per fare un bel giro in gondola, basta domandare a qualsiasi gondoliere; ce ne sono praticamente dappertutto. Una delle tante cooperative di gondolieri si trova in Piazza San Marco di fronte alle due colonne; un'altra è al ponte di Rialto, vicino all'imbarcadero dei vaporetti. Il giro dura circa 45 minuti e i prezzi sono fissi, ma è sempre meglio accordarsi prima.
In una gondola si può salire al massimo in cinque o sei persone.

Ente gondola.
telefono 041 5285075

Le barche tipiche

In questa pagina trovi alcune delle imbarcazioni che puoi vedere a Venezia.

Le barche da regata

Sono le tipiche imbarcazioni usate nelle competizioni sportive o nelle regate storiche e si chiamano *Gondolino*, *Caorlina*, *Mascareta*, *Puparin* e *Disdotona*.

La Caorlina

Come si intuisce dal nome, questa imbarcazione a sei remi è originaria di Caorle. Un tempo veniva utilizzata per il trasporto dei prodotti ortofrutticoli destinati al mercato di Rialto; oggi la puoi vedere soprattutto durante le regate storiche.

Il Pupparin

È un'imbarcazione colorata, slanciata e asimmetrica, molto simile alla gondola; il suo nome deriva dal fatto che il vogatore di poppa rema in piedi sopra un piccolo rialzo.

La Disdotona

Prende il nome dal numero di rematori (diciotto), ma esistono anche la **Dodesona** e la **Quatordesona**. Esse sono le grandi barche che rappresentano le varie società remiere durante la regata storica. ↷ p. 63

Le barche da pesca e da escursioni

Sono il *Topo*, la *Sampierota*, il *Bragozzo*, il *Sandolo* e lo *S'ciopon*

Il Topo (o *Topa*)

È una delle imbarcazioni più comuni: può avere la vela se è utilizzata per la pesca, oppure essere a motore per i piccoli trasporti.

Il Bragozzo

È una grossa imbarcazione usata per la pesca in laguna; un tempo a vela, oggi è anche provvista di motore. Tipico della zona di Chioggia, lo riconosci soprattutto per le coloratissime decorazioni dipinte su tutto lo scafo.

Lo S'ciopon

La sua chiglia piatta lo rende particolarmente adatto per la caccia e le escursioni in laguna dove l'acqua è molto bassa.

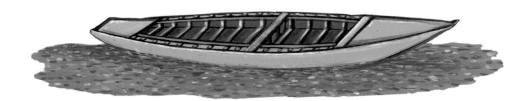

I battelli dell'ACTV

Il motoscafo

Agile e veloce, va preso quando si ha fretta: segue un percorso che ha poche fermate.

Il vaporetto

È più lento rispetto al motoscafo e fa sosta in tutte le fermate, ma è certamente preferibile per un tranquillo percorso panoramico, ad esempio lungo il Canal Grande.

La motonave

È una specie di enorme vaporetto che collega Venezia con le principali isole della laguna. D'estate, turisti e veneziani la prendono in Riva degli Schiavoni per recarsi alle spiagge del Lido.

Le fermate dell'ACTV

Sono zattere galleggianti dove si attende l'arrivo del vaporetto o del motoscafo. Hanno un cartello che indica il nome della fermata e sono riparate per proteggere i viaggiatori dal maltempo.

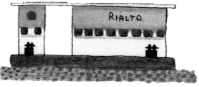

Le briccole
Sono gruppi di pali di legno grezzo conficcati nelle acque della laguna per segnalare la via di navigazione alle barche.

Le bitte
Sono i blocchi fissati ai pontili delle fermate, su cui viene avvolta la cima di ormeggio dei vaporetti durante le soste.

Altre barche

Lungo i canali di Venezia, oltre ai vaporetti e alle imbarcazioni che trasportano merci di ogni tipo, ti capiterà di vedere il *taxi*, la barca dei *netturbini* o i velocissimi motoscafi dei *vigili del fuoco*, della *Croce Rossa* e della *polizia*.

Il taxi

Lo vedi con una certa frequenza lungo i canali della città. Permette di coprire lunghe distanze con grande rapidità, ma in genere ha delle tariffe piuttosto alte.

La barca dei netturbini

Puoi vederla di mattina presto, mentre carica la spazzatura accumulata la sera prima sul bordo dei canali.

Le barche di emergenza

Sono le uniche barche che, in caso di emergenza, possono sfrecciare ad alta velocità lungo il Canal Grande e gli altri canali della città.

La lancia dei vigili del fuoco, in particolare, è equipaggiata con una potente pompa con cui vengono spenti gli incendi prelevando l'acqua direttamente dai canali.

Il Carnevale

All'epoca della Repubblica Serenissima, i festeggiamenti duravano praticamente sei mesi, in cui si faceva baldoria dal mattino alla sera. Si cominciava in ottobre per continuare fino alla mezzanotte di *martedì grasso*, quando in Piazza San Marco veniva bruciato il fantoccio che rappresentava il Carnevale e le campane annunciavano l'inizio della *Quaresima*. Durante questo periodo la città era in festa e tutti indossavano una maschera. Nobili e popolani, ricchi e poveri si nascondevano dietro il travestimento e si divertivano a mescolarsi tra loro senza farsi riconoscere. Piazza San Marco e gli altri *campi* e *campielli* ↝ pp. 29-30 della città diventavano degli immensi palcoscenici in cui si organizzavano intrattenimenti di ogni tipo: rappresentazioni teatrali, feste, concerti, balli, giochi, divertimenti e fuochi d'artificio.

I giochi di Carnevale

Durante il Carnevale, il governo della Serenissima tollerava ogni cosa e tutto sembrava permesso. Al popolo erano offerte numerose occasioni di gioco e divertimenti di strada, come le piramidi umane o le corse con i trampoli, organizzate da squadre di bravi acrobati. In tutta la città, invasa da teatranti, musici, mimi, abili giocolieri, indovini e saltimbanchi, si respirava un'allegra atmosfera di festa. Dappertutto, venditori ambulanti offrivano frittelle e altri dolci tipici del Carnevale. ↝ p. 59

Le Compagnie della Calza

Erano delle allegre brigate di giovani nobili gaudenti che portavano calze colorate ricamate con lo stemma della compagnia e durante il Carnevale si occupavano dell'organizzazione di alcuni giochi e intrattenimenti, come le *corse dei tori*. Ancora oggi esiste una Compagnia della Calza, quella "dei Antichi", molto attiva nelle feste di Carnevale.

Il Carnevale oggi

Il Carnevale venne abolito da Napoleone alla fine del Settecento, quando era al massimo del suo splendore. Dal 1979, dopo un lungo periodo in cui questa festa era stata dimenticata, oggi, come una volta, vengono organizzati balli, feste, concerti e spettacoli teatrali. Accanto alle maschere tradizionali ↷ p. 54 e ai costumi del Settecento, si mescolano travestimenti bizzarri e fantasiosi. Personaggi in maschera provenienti da tutto il mondo affollano i campi veneziani, ma soprattutto Piazza San Marco e i suoi caffè.

I truccatori di Piazza San Marco

Sei senza maschera? Niente paura: nella Piazzetta dei Leoncini accanto alla Basilica (ma anche sotto le arcate delle Procuratie e del Palazzo Ducale), troverai gruppi di bravi truccatori che per pochi soldi possono disegnarti sul viso una bellissima maschera di Carnevale, con arabeschi, lustrini e *paillettes*.

Le maschere

Ecco alcuni dei più noti costumi tradizionali legati ai personaggi della **Commedia dell'Arte**.

Pantalone

È un vecchio mercante veneziano avaro e brontolone, al cui servizio lavorano Arlecchino e Brighella. Il suo ruolo è quello di mettere ostacoli ai progetti dei giovani e ai trucchi dei servitori. Ha barba e capelli bianchi e indossa un berretto di lana, braghe e calze rosse, mantello e pantofole nere.

Arlecchino

Tra tutte, è senza dubbio la maschera più famosa. Il suo vestito è fatto di toppe coloratissime, vecchi avanzi di stoffe diverse raccolte qua e là. Sempre affamato, cerca di prendere il mondo come viene e di approfittarne al massimo, ingannando gli altri con astuzia. Pigro e goloso, è spesso vittima degli scherzi di Brighella. Ottimo acrobata, è bravissimo nel fare ogni genere di salti e capriole.

Brighella

Compagno allegro di Arlecchino, è un servitore svelto e intrigante. Porta un costume bianco orlato di verde e ha lunghi baffi arricciati. È furbo come una volpe e non si fa tanti scrupoli a rubare denaro al suo padrone. Sa cantare accompagnandosi con la chitarra.

Dottor Balanzone

Medico e buongustaio bolognese, è vestito di nero dalla testa ai piedi come gli scienziati, i professori e gli avvocati di un tempo. Ha un gran pancione, occhiali rotondi e un berretto in testa. Per fare colpo, ogni tanto inserisce nei suoi discorsi qualche parola in latino.

Pulcinella

Burlone e gran scansafatiche, ama scherzare e fare il buffone. È tutto vestito di bianco tranne la maschera, che è nera con un lungo naso a becco. In testa porta un berretto bianco a cono.

Colombina

È una servetta maliziosa e vanitosa, vestita alla moda del Settecento. Spigliata e un po' civetta, sa come far perdere la testa ad Arlecchino.

Il medico della peste

Non è un personaggio teatrale. Per evitare il contagio durante le epidemie di peste, i medici indossavano questa strana maschera dalla forma adunca, simile al becco di un uccello, che veniva riempita di essenze ed erbe medicinali.

Musica e teatro

Ecco due grandi artisti che lasciarono un segno non solo nella Venezia del loro tempo, ma nella storia del teatro e in quella della musica: *Antonio Vivaldi* e *Carlo Goldoni*.

Antonio Vivaldi (1678-1741)

Figlio di un violinista di San Marco, prese gli ordini religiosi dopo aver ricevuto un'eccellente preparazione musicale. Chiamato il "prete rosso" per il colore dei capelli, compose numerose opere, ma anche brani di musica sacra e profana, cantati dal *coro delle orfanelle della chiesa della Pietà*. Scrisse 447 concerti per strumenti a corda e a fiato; la sua opera più celebre, *Le quattro stagioni*, ebbe un enorme successo in tutta Europa.

La **chiesa della Pietà**, in cui Vivaldi fu maestro di violino e maestro del coro, divenne famosa proprio per le composizioni del grande musicista. Ancora oggi, vi si tengono numerosi concerti del compositore veneziano.

Chiesa della Pietà
Riva degli Schiavoni
telefono 041 5231096
aperto tutti i giorni
9-14

Musica
Venezia offre un panorama musicale piuttosto vario; tra le tante band musicali, è diventato famoso un gruppo di musica reggae che canta in dialetto veneziano, i Pitura Freska.

Carlo Goldoni (1707-1793)

Il grande commediografo veneziano scrisse oltre 250 commedie, basate soprattutto sui personaggi della *Commedia dell'Arte*: *Pantalone, Arlecchino, Brighella, Balanzone, Colombina* e tanti altri. ↷ pp. 54-55

Nelle sue opere, Goldoni descrisse con cura la vita della Venezia del Settecento, prendendo in giro l'oziosità degli aristocratici e facendo la satira ai costumi di quel periodo. Contrario all'improvvisazione delle maschere della Commedia dell'Arte, che non recitavano seguendo un copione, introdusse nuovamente il testo scritto dando grande spazio ai personaggi popolari e al tono realistico.

Tra le sue opere di maggior successo ricordiamo *Arlecchino servitore di due padroni* (1745), *La locandiera* (1753), *I Rusteghi* (1760), *Le baruffe chiozzotte* (1762) e *Una delle ultime sere di Carnovale* (1762), ultima opera scritta in Italia prima di partire per la corte del re di Francia, dove rimase fino alla morte. È possibile visitare la casa dove nacque lo scrittore, diventata oggi museo e centro di studi teatrali con una ricca biblioteca.

Museo casa di Goldoni
San Polo 2794
telefono 041 2440317
chiuso domenica
10-17 in estate
10-16 in inverno

Fumetti
Ci sono numerosi disegnatori della "banda Disney" di origine veneziana, ad esempio Romano Scarpa, che appaiono regolarmente nelle edizioni italiane di Topolino. Un posto d'onore, poi, lo merita senz'altro Corto Maltese, il marinaio veneziano sempre impegnato in rischiose avventure e viaggi in paesi lontani, nato dalla fantasia di Hugo Pratt.

Golosità veneziane

La cucina veneziana è ricca di piatti appetitosi e prelibati, come il **risotto** fatto in tanti modi (e detto "all'onda" per il suo aspetto cremoso), il **carpaccio** (fette sottili di carne cruda condita con olio, limone e scaglie di formaggio Parmigiano), il **fegato alla veneziana** (cucinato con tante cipolle), la **polenta** o le varie ricette di **pesce**.

Anche per quanto riguarda i dolci puoi gustare delle vere e proprie delizie, che i veneziani chiamano "golosessi": oltre al **tiramisù**, diventato ormai famosissimo anche all'estero, c'è una ricca produzione di svariate ghiottonerie. Nelle pasticcerie artigiane si trovano ancora **paste**, **dolcetti** e **biscotti** preparati secondo l'antica tradizione. Eccone alcuni:

I bussolai

Sono fatti a forma di anello e vengono prodotti sia salati che dolci. In questo caso possono avere anche la forma di "esse" e si chiamano **buranei**, poiché sono tipici dell'*isola di Burano*. ↷ p. 120 Altri biscotti tradizionali sono i sottilissimi **baicoli** di Venezia, i **basi de dama**, fatti con pasta di mandorle farcita al cacao, e le **lingue de suocera**, ricoperte di cioccolata.

Le spumiglie

Questi dolcetti a base di zucchero e chiara d'uovo montata a neve, ricordano la spuma del mare nella forma e nel colore. Nella produzione tradizionale veneziana ci sono anche le **sbreghette**, biscotto croccante fatto con mandorle e semi di finocchio, e i **pignoletti** (o *pignoccae*), dolcetti morbidi alle mandorle e pinoli.

Le fritole

È una pasta dolce che si mangia a Carnevale; nell'impasto, che poi viene fritto, ci sono pinoli e uvette. Esistono tre diverse versioni della *fritola*: ripiena di *crema pasticcera*, ripiena di *zabaione* e senza ripieno, cioè "alla veneziana".

I crostoli

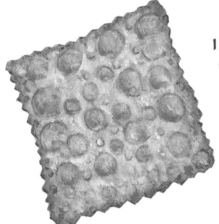

Chiamati anche *galani*, sono altri dolci tradizionali del periodo di Carnevale, fatti con pasta sottile spolverizzata di zucchero a velo. In altre parti d'Italia hanno nomi diversi: *nastri* o *chiacchiere*.

Gli zaleti

Il nome di questi tipici biscotti veneziani deriva dal colore giallo della farina di mais con cui sono preparati. Ti piacerebbe prepararli per una merenda a sorpresa con i tuoi amici? Non è difficile: voltando pagina troverai semplici istruzioni che ti spiegano come fare.

Ricetta: preparo gli zaleti

Ingredienti: 300 g di farina di mais, 300 g di farina bianca, 3 uova, 150 g di zucchero, 2 litri di latte, 100 g di lievito di birra, 100 g di uvetta, 60 g di pinoli, la scorza grattugiata di un limone, 150 g di burro, un pizzico di sale, vaniglia, zucchero a velo.

1. Sbatto le uova con lo zucchero, poi aggiungo la farina bianca e quella di mais.

2. Sciolgo il lievito nel latte e lo aggiungo all'impasto insieme all'uvetta ammollata in acqua e poi strizzata, i pinoli, la scorza di limone, il burro sciolto a bagnomaria, un pizzico di sale e uno di vaniglia.

3. Amalgamo tutti gli ingredienti fino ad ottenere un impasto morbido e poi taglio dei panetti che modello a forma ovale.

4. Inforno su una piastra imburrata a 160 gradi per 25-30 minuti. A fine cottura spolvero gli zaleti con lo zucchero a velo.

Giochiamo insieme

Tartaglia e Arlecchina

Preparali per il carnevale colorando i loro bei costumi.

Feste e ricorrenze importanti

Il Carnevale

Si festeggia due settimane prima della Quaresima. Veneziani e soprattutto turisti si travestono con maschere e costumi. Ogni anno vengono organizzati diverse iniziative e spettacoli.  p. 53

La festa di San Marco

Il 25 aprile, giorno di San Marco, per una tradizione antica di oltre dodici secoli, ogni veneziano regala alla sua innamorata il *bocolo*, cioè un bocciolo di rosa rossa. Il piatto tradizionale di questa festa è *risi e bisi*, un delicato risotto con i piselli.

La festa del Redentore

Il terzo fine settimana di luglio si costruisce un **ponte di barche** che collega le Zattere con la *chiesa del Redentore*, sull'isola della Giudecca.  p. 114 Tutti i veneziani cenano e brindano in barca nel *canale della Giudecca*. La festa finisce con spettacolari **fuochi d'artificio**.

La Vogalonga

Si tiene la prima domenica dopo l'Ascensione e vi partecipano soprattutto le società remiere di Venezia, anche se l'iscrizione è aperta a tutti. Si rema per 32 chilometri, da San Marco a Burano e ritorno, con partenza alle 9 e rientro verso le 15.

La regata storica

Ogni anno, la prima domenica di settembre si svolge in Canal Grande una sfilata di imbarcazioni storiche con rematori in costume. ↷ p. 47

Il giorno di San Martin

L'11 novembre si festeggia San Martino, che tagliò in due il suo mantello per darne la metà a un povero mendicante. I bambini veneziani vanno in giro cantando la canzone di San Martino accompagnati dalla "musica" di pentole e coperchi. ↷ p. 137 Si mangia un dolce decorato con confetti e cioccolatini che ha la forma del santo a cavallo con la spada.

La festa de "La Salute"

Per commemorare la fine della peste ↷ p. 79, i veneziani sopravvissuti all'epidemia del 1630 incaricarono l'architetto *Baldassare Longhena* di progettare la grande *chiesa di Santa Maria della Salute*. La festa religiosa fu istituita alla fine del Seicento in segno di devozione verso la Vergine che aveva liberato Venezia dalla peste; celebrata il 21 novembre, è ancora oggi molto sentita dai veneziani. Per l'occasione si costruisce un **ponte di barche** che attraversa il Canal Grande, collegando Santa Maria del Giglio con la chiesa de "la Salute".

Su e zo per i ponti

Una maratona che si svolge la seconda domenica di marzo su e giù per i ponti della città, richiamando partecipanti di ogni età e provenienza.

Prodotti tracizionali

Maschere

In numerose botteghe artigiane e negozi specializzati puoi trovare tutte le maschere tradizionali della Commedia dell'Arte, da
Pantalone ad Arlecchino ∩ p. 54, 57, e tante altre di ogni
forma e colore, prodotte da mani esperte in cuoio o cartapesta.

Cappelli di Carnevale

Con o senza campanelli, nelle forme più strane e fan-
tasiose, da qualche anno questi bizzarri cappelli in
velluto colorato sono venduti praticamente ovunque.

Gondole in miniatura

In plastica, legno o vetro sono uno
dei souvenir più conosciuti di Venezia.

Carta marmorizzata

Dipinta ancora a mano da molti artigiani, la carta
marmorizzata è caratterizzata da sfumature
e venature di colori diversi. ∩ p. 155

Maglietta e cappello da gondoliere

Nelle bancarelle presso Rialto o Piazza San Marco, anche tu puoi acquistare la classica divisa del gondoliere: maglietta a righe e cappello di paglia con nastro rosso o blu.

Pantofole

Le classiche pantofole da gondoliere dette "friulane" sono in velluto e, per evitare scivoloni, hanno la suola ricoperta con la gomma dei copertoni delle biciclette. Utilizzabili non solo in casa ma anche all'esterno, sono in vendita in un'infinita varietà di colori: le trovi anche nei negozi sul ponte di Rialto.

Oggetti di vetro di Murano

Puoi trovare famigliole di animali e una notevole produzione di oggetti in miniatura, realizzati secondo la tradizionale lavorazione "a lume" del vetro di Murano. ↷ p. 117

Merletti

I ricami sono tipici soprattutto dell'isola di Burano, dove ancora oggi le donne ricamano a *punto Venezia*. ↷ p. 120

Curiosità

Che cosa sono i murazzi?

Così sono chiamate le dighe artificiali che proteggono le spiagge del Lido ↪ p. 115 e di Pellestrina dall'erosione del mare.

Dove si inaugurarono le prime "botteghe del caffè" d'Europa?

A Venezia, in Piazza San Marco; delle decine di botteghe del caffè sorte in Piazza tra la fine del Seicento e l'inizio del Settecento, solo il **Caffè Florian** è sopravvissuto fino ai giorni nostri. Inaugurato nel 1720, un tempo si chiamava *Alla Venezia trionfante*; prese poi il nome del suo proprietario, *Floriano Francesconi*.

Qual è l'unica piazza di Venezia?

È *Piazza San Marco*. ↪ p. 81 Tutte le altre piazze, piccole o grandi, sono dette *campi* e *campielli*. ↪ pp. 29-31

Qual è il significato del termine veneziano "caigo"?

È la densa foschia che, specialmente in autunno e inverno, spesso avvolge la città donandole un fascino particolare.

Quale illustre poeta inglese risalì il Canal Grande a nuoto?

Fu *Lord Byron*, durante il suo soggiorno a Venezia nel 1818.

Dove si trova il cimitero di Venezia?

Nell'*isola di San Michele*, vicino a Murano: vi sono sepolti artisti importanti come il compositore *Igor Stravinskij* e il poeta *Ezra Pound*.

Chi era lo "spezier"?

Era il farmacista dal quale si acquistavano anche spezie e conserve, tra cui il caffè e il "sale indiano", cioè lo zucchero.

Chi erano gli "acquaroli"?

Era una corporazione di barcaioli. Essi, remando dalla laguna fino al fiume Brenta, tornavano a Venezia con i rifornimenti d'acqua che, nonostante le cisterne, non era mai sufficiente.

Quanti sono i servizi pubblici di traghetto con gondola che permettono di attraversare il Canal Grande?

Sono sette, situati a *San Marcuola, Santa Sofia, San Silvestro, San Tomà, San Samuele, S.M. del Giglio* e *Punta della Dogana*. Il servizio costa circa mezzo euro. ↷ p. 154

Cosa sono le "pàtere"?

Sono piccole decorazioni in pietra scolpita che ornano i muri delle antiche case veneziane; solitamente di forma circolare, raffigurano animali reali o fantastici.

Qual è l'unico ponte senza parapetto rimasto a Venezia?

È il ponte sul *rio di San Felice* a Cannaregio, dietro *Strada Nuova*. Una volta tutti i ponti veneziani erano fatti così, per cui era molto facile scivolare in acqua!

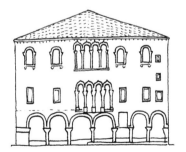

A cosa servivano i fondaci?

Erano le case-magazzino dei ricchi mercanti. Caratterizzate da un grande porticato al pianterreno (come il fondaco dei Turchi o quello dei Tedeschi, che trovi lungo il Canal Grande), avevano una doppia funzione: servivano da abitazione, ma anche come deposito per le merci e luogo dove discutere gli affari.

Natura

I pesci della laguna

Quante varietà di pesci ci sono nella laguna?
Se vai al mercato di Rialto, ne troverai di tutti i
tipi. Ne conosci qualcuno? Vediamoli insieme.

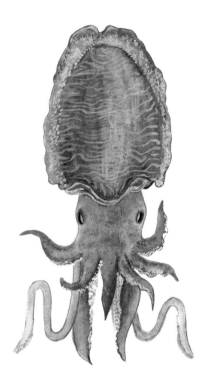

La seppia

Si gusta in una famosa ricetta
tipica: quella degli *spaghetti* o
del *risotto al nero di seppia.*

La cicala di mare

È un prelibato crostaceo che i
veneziani chiamano "canocia".

Il branzino

Questo grosso e vorace predatore, molto saporito, è uno
dei pesci più apprezzati nella cucina veneziana.

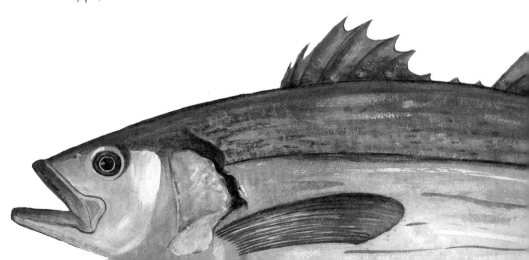

La schia

È un minuscolo gamberetto
di laguna che si mangia
fritto insieme alla polenta.

La sogliola

È un pesce dal corpo
appiattito che si mimetizza
con il fondale sabbioso.

Il granchio

Durante la muta del
guscio, diventa molle
e viene detto "moeca".
Fritto, è una vera
prelibatezza!

I vieri

*Sono dei cesti di vimini sistemati
in punti particolari della laguna, o ai
lati delle barche, dove vengono riposti
granchi, anguille e altri pesci per
mantenerli vivi dopo la cattura.*

L'anguilla

In veneziano si chiama *bisato*,
ed è un lunghissimo pesce che
assomiglia un po' al serpente.

I "filari" per le cozze
In laguna ci sono
numerosi allevamenti
di cozze che crescono
attaccate ai "filari",
serie di funi che pen-
dono dai cosiddetti
"pergolari".

Le cozze o mitili

I veneziani li chiamano *peoci* e
sono ottimi con gli spaghetti o
alla "scottadeo" (scotta dito),
cioè saltati in padella.

La triglia

Si distingue per il suo caratteristico
colore rossiccio ed è ottima
nelle fritture.

Giochiamo insieme
La pesca fortunata
Scopri a quale delle quattro canne
di Bepi il pescatore ha appena
abboccato il pesciolino.

Piccoli animali

Gli animali che trovi in queste pagine sono piuttosto comuni;
ti capiterà sicuramente di incontrarne qualcuno
passeggiando per Venezia.

Il passero
Sempre in cerca di cibo,
insieme al piccione è l'uccello
più comune.

Il piccione
I veneziani lo chiamano *colombo* ed
è senza dubbio il re incontrastato
di Piazza San Marco.

Il gabbiano
Detto *cocàl*, puoi vederlo sorvolare
le acque della laguna in attesa di
papparsi qualche bel pesce.

La rondine

Durante la bella stagione, puoi sentirla garrire e fischiare sopra i tetti.

Il topo

Oltre al comune topo di fogna detto *pantegana*, esiste anche la *nutria*, un grosso topo d'acqua parente del castoro.

Il gatto

Ce ne sono tantissimi dappertutto: sui gradini all'ingresso delle case, nelle ceste sui davanzali, nelle vetrine delle botteghe, sopra le vere da pozzo, perfino nelle barche! Se i gatti ti interessano, gira pagina e troverai un sacco di informazioni in più.

I gatti di Venezia

Il leone è il simbolo di Venezia, ma il vero signore di calli e campielli è un altro felino molto amato dai veneziani: suo cugino, *il gatto*.

Passeggiando ne incontrerai tanti, acciambellati pigramente al sole o impegnati a inseguire qualche piccione. A volte, capita perfino di vederne alcuni riposare tranquilli tra la merce esposta di qualche vetrina. In ogni sestiere, anziane signore si preoccupano di sfamarli con degli avanzi di cibo. Spesso anche i negozianti del mercato di Rialto offrono qualcosa, mentre i bambini che giocano nei campi fanno loro compagnia.

L'isola dei gatti
L'isola di San Clemente,
un tempo sede dell'ospedale
psichiatrico, oggi è diventata
"l'isola dei gatti": dal 1990,
infatti, è abitata dai mici
accuditi dalla Dingo.

Esistono intere colonie di gatti nutriti e curati dalla *Dingo*, un'associazione che mette a loro disposizione cibo, cure mediche e piccole casette-rifugio per le fredde notti d'inverno. Camminando per Venezia, puoi vederne qualcuna attrezzata con vecchie coperte in cui i gatti amano starsene al calduccio.

La libreria dei gatti
Libreria San Pantalon
Dorsoduro 3950
10-7.30
Chiuso domenica

La Libreria San Pantalon si trova vicino a Ca' Foscari e oltre ad avere tanti libri per bambini, è specializzata in gatti. Vi troverai tutto ciò che riguarda il mondo felino, da giochi a libri di ogni genere. In vetrina ti potrà capitare di vedere Rosa, la gattina rossa delle due proprietarie, che schiaccia un pisolino tra i libri.

Giochiamo insieme

Il gattino smarrito

Bicio il micio si è perduto nel labirinto delle calli veneziane.
Sai aiutarlo a trovare la strada per arrivare a casa?

L'acqua alta

Si verifica ogni anno, soprattutto nel periodo tra ottobre e aprile.

Con maree appena sopra la media, per il principio dei vasi comunicanti, accade che i cunicoli di scolo dell'acqua piovana si riempiono e iniziano ad allagare il suolo facendo affiorare dai tombini l'acqua dei canali.

Con maree più sostenute, l'acqua dei canali deborda direttamente sulle fondamenta, allagando calli e campi e danneggiando gli edifici.

Tutta l'area di Piazza San Marco è la prima ad essere coperta dall'acqua perché è il punto più basso della città. È anche la zona dove il fenomeno dell'acqua alta è più vistoso e spettacolare. Nel 1966, le inondazioni che provocarono disastri in tutta Italia, a Venezia causarono un'acqua alta eccezionale che raggiunse quasi i due metri sopra il livello medio del mare con gravissimi danni per la città.

Cosa provoca l'acqua alta?

Ecco i principali fattori che causano questo fenomeno:

1) l'attrazione lunare a cui si deve la cosiddetta *alta marea astronomica*;

2) le variazioni di pressione atmosferica che determinano forti venti come lo *Scirocco* e la *Bora,* i quali spingono l'acqua del mare verso la laguna;

3) il lento e progressivo sprofondamento di Venezia (30 centimetri in questo secolo).

Le passerelle

Quando c'è l'acqua alta, i veneziani sistemano delle passerelle di
legno per il passaggio dei pedoni
nei punti della città di maggior
movimento, come le zone intorno a Rialto e Piazza San Marco.

Cosa si faceva una volta?

Ai tempi della Repubblica Serenissima 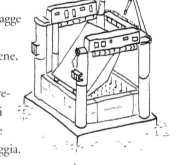 p. 20, la sporcizia che si accumulava
nei canali veniva regolarmente rimossa per evitare che il livello del fango si alzas-
se troppo. La buona viabilità dei canali era fondamentale per una città la cui
potenza e ricchezza si basavano proprio sui traffici via acqua.

Soluzioni per proteggere Venezia dall'acqua alta

1) nei canali di Venezia, pulizia e manutenzione dei rii p. 29
per eliminare il fango che si accumula sul fondale;
2) nelle isole del Lido e Pellestrina, ampliamento delle spiagge
e rinforzo delle scogliere;
3) ricostruzione dei moli (bocche di porto) e delle barene,
cioè dei terreni emersi che limitano il moto ondoso;
4) il "Mòse": è un progetto in fase di discussione che prevede l'installazione di un sistema elettromeccanico di
barriere protettive per regolare il flusso e riflusso delle
maree alle bocche di porto del Lido, Malamocco e Chioggia.

Il Progetto Insula

E' gestito dal Comune e prevede una serie di interventi periodici di manutenzione e
ristrutturazione per la salvaguardia di Venezia, specialmente per le parti sommerse.
Infatti, oltre a dragare i canali, dove il fango tende a depositarsi a strati, *Insula* opera
per consolidare le fondazioni dei palazzi, danneggiate dal moto ondoso causato dai
motoscafi, e per il restauro della pavimentazione di calli e campielli. p. 29

Equipaggiarsi per una gita a Venezia

Se c'è il sole

Indossa scarpe comode, adatte per camminare (ricordati che a Venezia si gira quasi sempre a piedi), calzoncini corti, maglietta o canottiera se fa molto caldo, oppure maglione e pantaloni lunghi se è ancora fresco, cappellino se c'è molto sole e nello zainetto: una bottiglia d'acqua, merenda, astuccio con penna e colori, macchina fotografica (se ce l'hai) e la tua guida di Venezia.

Se piove o c'è l'acqua alta

Indossa scarpe con la para o stivali di gomma, pantaloni rimboccati in caso di acqua alta, e maglione pesante se fa freddo. Nello zainetto, oltre al resto, aggiungi anche un impermeabile leggero tipo *K-way*.

 # Curiosità

Che cos'è il "felze"?

Una piccola cabina che proteggeva il passeggero della gondola dal maltempo e gli garantiva una certa riservatezza. ⌒ p. 43

Le gondole sono sempre state dipinte di nero?

No, un tempo erano riccamente decorate e colorate, ma un decreto della Repubblica Serenissima del 1633 ordinò che tutte dovessero essere dipinte di nero per frenare le gare di lusso e lo sfoggio di vanità tra i nobili.

Quante persone morirono di peste nel 1576 e nel 1630?

Nel corso delle due epidemie, la peste dimezzò la popolazione di Venezia: morirono più di centomila persone tra cui anche *Tiziano*, il grande pittore veneziano. La fine della devastante epidemia che nel 1630 colpì gran parte dell'Europa, fu celebrata con la costruzione della *chiesa di Santa Maria della Salute* e una solenne processione su un **ponte di barche** che ancor oggi si ripete per la *festa della Salute*. ⌒ p. 63

Cosa sono la Bauta, il Tricorno e il Tabarro?

Per non farsi riconoscere girando per le strade di Venezia, i nobili usavano la *bauta* (una maschera bianca che copriva quasi tutto il viso, completata da un cappuccio di seta nera e da una mantellina di pizzo). Indossavano inoltre il *tricorno* (un cappello nero a tre punte) e il *tabarro* (un largo mantello nero).

Perché esiste un ponte chiamato "Ponte delle tette"?

Si trova nei pressi di Rialto ⌒ p. 92, nella zona che era riservata a cortigiane e prostitute; queste, secondo la leggenda, per invogliare i clienti mostravano le loro "grazie" dalle finestre.

Da non perdere

Piazza San Marco

La Piazza

Definita il più bel salotto del mondo, questa piazza è da sempre il cuore della vita veneziana. È circondata dalle **Procuratie Nuove e Vecchie**, dalla **Basilica di San Marco** e dalla **torre dell'Orologio**.

Chiesa di San Geminiano

Sotto *Napoleone*, che voleva sale da ricevimento e da ballo, nella piazza venne costruita l'**Ala Napoleonica**, oggi sede del **museo Correr** ↷ p. 106. Il nuovo edificio prese il posto della *chiesa di San Geminiano*, che un tempo si affacciava sulla piazza proprio di fronte alla Basilica di San Marco.

La Basilica

La Basilica di San Marco era in origine la cappella privata del doge e il luogo dove si svolgevano le cerimonie di stato. Distrutta e ricostruita per ben due volte, acquistò infine la forma attuale, a *croce greca* (cioè con bracci di uguale lunghezza) e cinque cupole. Anche se col passare dei secoli si è arricchita di elementi e decorazioni che mostrano una grande mescolanza di stili, la chiesa rimane essenzialmente bizantina. La profonda influenza dell'Oriente (che ha sempre avuto traffici e scambi commerciali con la città lagunare) si rivela soprattutto nell'uso di **decorazioni a fondo dorato** e nella tecnica del mosaico, che rendono la Basilica simile a un palazzo da "Mille e una notte".

Basilica di San Marco
telefono 041 5225205
aperto tutti i giorni
9.30-17 (estate)
9.30-16.30 (inverno)
14-17 sabato e festività

Musei della Basilica
9.45-16.30 (estate)
9.45-16 (inverno)

Particolare dei pavimenti della Basilica

I mosaici della Basilica

La chiesa è tutta rivestita di **mosaici** meravigliosi, che tra pavimenti, pareti e cupole, coprono un totale di oltre 4000 metri quadrati. Fuori, troverai i mosaici della facciata (come quello che mostra il trafugamento del corpo di San Marco da Alessandria d'Egitto ⌒ p. 17); all'interno, ti sembrerà di camminare sopra uno splendido enorme tappeto orientale fatto di minuscole tessere colorate di porfido e marmo, che creano complicatissimi disegni geometrici. Troverai altri rilucenti mosaici nella **cupola della Pentecoste** (*Lo Spirito Santo che scende sugli apostoli*), nel **battistero** (il *ciclo della vita di San Giovanni Battista*) e nella piccola **cupola della Creazione** (24 mosaici sul tema della *Genesi*).

Nell'enorme **cupola dell'Ascensione** vedrai la luccicante immagine di *Cristo in gloria, con la Vergine, due angeli e i 12 apostoli*. Dai anche un'occhiata alle altre meraviglie che sono custodite nei musei della Basilica: il ricco **tesoro di San Marco**, composto di magnifiche opere d'arte italiane e bizantine e la **pala d'Oro**, icona sfavillante di smalti e pietre preziose realizzata nel X secolo.

Campanile di San Marco
telefono 041 5224064
aperto tutti i giorni
9.30-16 (inverno)
9-19 (primavera)
9-21.30 (estate)

Venezia dall'alto: sul campanile

Salendo con l'**ascensore** sul campanile di San Marco, nelle belle giornate avrai una vista panoramica meravigliosa: davanti ai tuoi occhi, il magnifico spettacolo di Venezia vista dai tetti!

Il campanile viene scherzosamente chiamato dai veneziani "el paron de casa" (il padrone di casa). Ha cinque campane che i veneziani chiamano per nome: *Marangona, Trottiera, Nona, Pregadi* e *Renghiera*. Allo scadere dell'ora, potrai sentirle suonare.

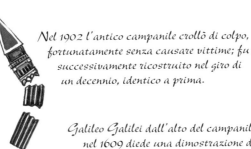

Nel 1902 l'antico campanile crollò di colpo, fortunatamente senza causare vittime; fu successivamente ricostruito nel giro di un decennio, identico a prima.

Galileo Galilei dall'alto del campanile, nel 1609 diede una dimostrazione del telescopio al doge Leonardo Donà.

I cavalli

Fatti di bronzo quasi puro poi dorato, i cavalli di San Marco sono il simbolo della libertà veneziana. Nel 1797, quando Venezia fu occupata dai francesi, furono portati da *Napoleone* a Parigi come bottino di guerra, ma nel 1815, con la caduta dell'imperatore francese, ritornarono a Venezia. Gli originali sono conservati dentro la Basilica, mentre quelli che si trovano all'esterno sono delle copie.

I Tetrarchi

Nel lato della Basilica che si affaccia sulla *Piazzetta* verso le due colonne, troverai le quattro figure dei *Tetrarchi*. Furono presi come trofei di guerra dall'Oriente, come la maggior parte delle decorazioni della chiesa. C'è una leggenda che dice che siano quattro stranieri trasformati in statue per aver cercato di rubare qualche tesoro. Pare che in realtà rappresentino l'imperatore *Diocleziano* e gli altri membri della tetrarchia dell'Impero Romano.

La torre dell'Orologio

Il grande orologio smaltato di blu e punteggiato di stelle dorate (le costellazioni), è un vero e proprio calendario: indica le ore, i mesi, le fasi lunari e quelle dello zodiaco. Un tempo forniva dunque informazioni molto importanti alle galere veneziane che, dal bacino di San Marco, si imbarcavano per l'Oriente. Questo orologio costruito nel XV secolo rappresentò la meraviglia dell'epoca.

Secondo una leggenda, a lavoro finito i due costruttori dell'orologio e dei *Mori* furono accecati, affinché non potessero mai più costruire niente di simile in nessun altro luogo della terra.

Se capiti a Venezia durante la *festa dell'Ascensione* ↷ p. 111, allo scoccare dell'ora avrai la sorpresa di vedere uscire, dalle porticine laterali, i tre Magi che rendono omaggio alla Vergine col bambino, posta in una nicchia sopra l'orologio.

I Mori

Le due statue in bronzo dei Mori sono come due grandi robot dal meccanismo complesso, che ad ogni ora battono i rintocchi su un'enorme campana sulla *torre dell'Orologio*.

Giochiamo insieme

I pavimenti della Basilica di San Marco

Con le tue matite colorate, colora questi intarsi geometrici della chiesa di San Marco. Come in una vera caccia al tesoro, visitando l'interno della Basilica potrai scoprire dove si trovano gli originali.

Il Palazzo Ducale

Il Palazzo Ducale fu eretto nel IX secolo. Un tempo castello fortificato, fu poi distrutto da numerosi incendi e successivamente ricostruito nel XIV e XV secolo come grande esempio di gotico veneziano. ⌢ p. 36 Se osservi le arcate del loggiato, vedrai la raffinata merlatura in pietra d'Istria, scolpita come se fosse un pizzo. Esternamente il palazzo è decorato negli angoli con tre interessanti **sculture**: *il giudizio di Salomone*, *Adamo ed Eva con il serpente* e, vicino al **ponte della Paglia**, *L'ubriachezza di Noè*. Oltrepassata l'entrata principale, detta **porta della Carta**, ti troverai nel cortile interno. Qui, in cima alla **scala dei Giganti** (che rappresentano *Marte* e *Nettuno*, simboli del potere della Repubblica su terra e mare) veniva incoronato il doge.

Il Palazzo Ducale era la residenza del doge, ma anche la sede del governo e delle magistrature. Ospitava il comando militare, i tribunali, le prigioni e la **sala del Maggior Consiglio**, enorme salone dove ci sono i **ritratti dei primi 76 dogi** e l'incredibile opera del pittore *Tintoretto. Il Paradiso*, una delle tele più grandi del mondo (24,65 x 7,45 m). Oltre al *Tintoretto*, nel palazzo troverai splendidi quadri di pittori famosi del Rinascimento veneziano ⌢ p. 103 come *Tiziano*, *Veronese* e *Palma il Giovane*. E non dimenticarti di visitare la fantastica **armeria**.

Palazzo Ducale
telefono 041 2715911
aperto tutti i giorni
9-19 (estate – ultimo ingresso 17.30)
9-17 (inverno – ultimo ingresso 15.30)

Durante la visita, puoi farti una buona idea di come doveva essere Venezia nel periodo del suo massimo splendore, quando commerciava con l'Oriente ed era chiamata Repubblica Serenissima. p. 20 In quegli anni, nel colonnato esterno del Palazzo venivano spesso esposti i corpi dei giustiziati, per mostrare al popolo cosa succedeva a chi trasgrediva le leggi dello Stato. I delinquenti comuni venivano rinchiusi nelle **prigioni** del palazzo, ma, se erano giudicati pericolosi, finivano nei cosiddetti *pozzi*, celle umide e buie del piano terra spesso inondate in caso di acqua alta p. 76 (e con questo si evitavano problemi di sovraffollamento nelle celle!). Ai tempi della Serenissima, se non si rigava dritto c'era poco da scherzare!

Le bocche di leone
Servivano per raccogliere le denunce anonime, che venivano infilate nella "bocca". Una si trova nella loggia del Palazzo Ducale, l'altra è nella sala della Bussola.

Gli Itinerari segreti

Vale sicuramente la pena di seguire gli Itinerari segreti, un suggestivo percorso interno al Palazzo Ducale che dura circa 90 minuti, per piccoli gruppi di una ventina di persone. Potrai così visitare i **Piombi** (le terribili prigioni da cui evase *Giacomo Casanova*), la **Camera del tormento** (dove, appesi per i polsi, i prigionieri venivano interrogati sotto tortura), la **sala dei Tre Capi del Consiglio dei Dieci** e quella degli **Inquisitori di Stato**, attraverso i numerosi passaggi nascosti del labirintico palazzo.

Itinerari segreti
telefono 041 5209070
aperto tutti i giorni
visite su prenotazione
partenze 9.30 e 11.10

Giacomo Casanova

Nel 1755 *Casanova*, il grande avventuriero e seduttore veneziano, fu imprigionato nei *Piombi*, celle di legno situate sotto il tetto rivestito di piombo del Palazzo Ducale. Riuscì però ad evadere facendo un buco nel soffitto, grazie all'aiuto di un altro prigioniero, *Padre Balbi*. Casanova stesso ha descritto la sua straordinaria evasione nel libro "*La mia fuga dai Piombi*". Il suo carceriere, che aveva fallito nel compito di sorveglianza, fu condannato dal governo della Serenissima alla prigionia.

Il ponte dei Sospiri

È chiamato così perché quando i prigionieri lo attraversavano uscendo dai tribunali del Palazzo per andare in prigione o essere giustiziati, davano l'ultima occhiata alla laguna di Venezia e sospiravano di nostalgia per la libertà perduta.

Il doge

Il doge (dal latino *dux*, cioè comandante) era il governatore di Venezia e il capo della Repubblica. Eletto a vita dal *Maggior Consiglio* (l'organismo che riuniva i membri delle famiglie nobili veneziane, iscritte nel *Libro d'Oro* ⤳ p. 21), era il simbolo della Serenissima. Aveva però un potere più rappresentativo che reale, dal momento che non poteva prendere alcuna decisione senza l'approvazione dei suoi sei *consiglieri* (i rappresentavano i sei sestieri di Venezia ⤳ p. 31), ed era sottoposto al controllo del *Consiglio dei Dieci*. Indossava il *corno*, il berretto ducale dalla punta arrotondata decorato con pietre preziose e stoffe pregiate, come velluto e damasco.

La moglie del doge si chiamava *dogaressa*.

I dogi veneziani celebri

Dei 120 dogi che governarono la Repubblica per 1100 anni (dal 697 al 1797), il primo fu *Paoluccio Anafesto* e l'ultimo *Ludovico Manin*, che abdicò – ponendo fine alla Serenissima – quando Napoleone invase Venezia. Un doge importante per la storia della Repubblica fu *Enrico Dandolo* che, nonostante fosse cieco e avesse ormai 90 anni, guidò i crociati all'attacco di Costantinopoli; la vittoria portò a Venezia notevoli vantaggi, soprattutto economici. Si racconta invece che *Andrea Gritti*, un altro famoso doge che cominciò la sua gloriosa carriera come generale, morì per un fatale peccato di gola: una terribile indigestione di anguille! Destino diverso per il doge *Giovanni Mocenigo* che denunciò *Giordano Bruno* al Sant'Uffizio, condannandolo così al rogo. Secondo un'antica leggenda, fu perseguitato per anni dallo spettro del filosofo, che sembra vagare ancora per *Ca' Mocenigo Vecchia*! Ci fu soltanto un doge che tradì la Repubblica: si chiamava *Marin Falier* e nel 1355 fu scoperto a capo di un complotto. La sete di potere gli costò cara perché fu immediatamente decapitato. Nella *sala del Maggior Consiglio* il suo ritratto, a differenza di quelli degli altri dogi, è stato sostituito da un velo nero con un'iscrizione in latino.

Le due colonne

Situate in *Piazzetta* di fronte al *bacino di San Marco*, furono portate dall'Oriente; segnavano l'ingresso ufficiale a Venezia, che un tempo era raggiungibile solo via mare. Su una colonna è rappresentato il primo protettore di Venezia, il guerriero di origine greca *San Teodoro* (in veneziano *Tòdaro*) che poggia il piede sul drago sconfitto. Sull'altra c'è invece il *leone alato*, simbolo di San Marco, che divenne il nuovo protettore della città. ⌒ p. 17

Alla fine di una giornata così intensa, concediti un gelato speciale al Bar Tòdaro, vicino alle due colonne, da gustare ammirando il bel panorama dell'isola di San Giorgio.

Lo spazio tra le due colonne era l'unico in cui era consentito il gioco d'azzardo; era anche il patibolo dove si svolgevano le esecuzioni pubbliche. Da qui l'abitudine dei cittadini di non passarci mai: i più superstiziosi pensano porti sfortuna!

Giochiamo insieme

Dall'alto di Piazza San Marco

Cosa sta sorvolando il piccione
Nino in Piazza San Marco?
Unisci i puntini e lo saprai.

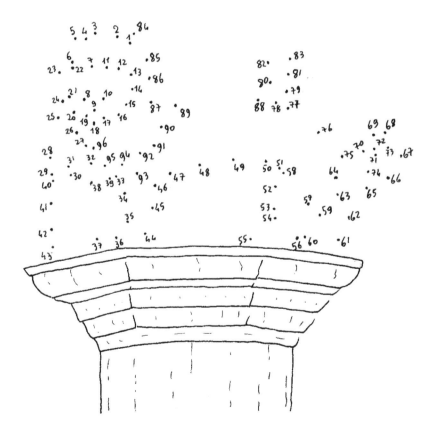

Il ponte di Rialto

È uno dei tre ponti sul Canal Grande, insieme al *ponte degli Scalzi* e al *ponte dell'Accademia*. ⌒ p. 34 È sicuramente il più famoso dei ponti veneziani e fino al 1800 era l'unica via di transito che collegava tra loro le due parti della città divise dal Canal Grande. Fu costruito inizialmente in legno e all'origine si apriva per lasciare passare le *galere* ⌒ p. 41, le navi mercantili e le grandi imbarcazioni della flotta veneziana. Alla fine del 1500, fu ricostruito in pietra (per un costo di ben 250.000 ducati d'oro) sul progetto del giovane *Antonio da Ponte*, che vinse il concorso battendo famosi architetti del Rinascimento come *Andrea Palladio* e *Jacopo Sansovino*. Dalle balaustre del ponte di Rialto si gode uno splendido panorama del Canal Grande, mentre sulle sue gradinate, proprio come una volta, si affacciano ancora oggi numerose botteghe.

Ai piedi del ponte c'è il **mercato di Rialto**: l'*erbarìa* (frutta, fiori e verdura) e la *pescarìa* (pesci, frutti di mare e crostacei), dove si vendono prodotti freschi riforniti ogni giorno da chiatte capaci e spaziose.

*Ai piedi del ponte di Rialto, tra campo San Lio e la corte del Milion (dove abitava Marco Polo), trovi l'*Osteria Al Pòrtego*, un caratteristico bàcaro veneziano dove puoi gustare stuzzicanti cichèti.*  p. 27

*In una traversa di calle lunga San Lio, trovi l'*Osteria Alle Testiere*, una trattoria con pochi tavoli, ma con un cuoco d'eccezione che ogni giorno prepara squisite ricette della cucina tradizionale principalmente a base di pesce. L'osteria si chiama così per le due vecchie testiere da letto appese al muro, curiosamente adattate a mensole.*

Non lontano dal ponte di Rialto, trovi la Spaghetteria-Snack Bar Tiziano, *un ambiente accogliente per mangiare qualcosa al volo o un piatto espresso. Se vai di fretta, puoi scegliere tra un vasto assortimento di di panini, pizzette, piadine farcite, toast, tramezzini e mozzarelle "in carrozza". Se invece hai tempo per sederti puoi assaggiare uno dei numerosi piatti del menu a prezzi ragionevoli.*

Il Ghetto

Pare che la parola *ghetto* derivi dal veneziano *getar,* cioè fondere: in quest'area infatti, anticamente sorgeva una pubblica fonderia (che i veneziani chiamavano *geto,* cioè colata) dove, prima del suo trasferimento all'Arsenale  p. 99 nel 1390, si fabbricavano le *bombarde* (i primi cannoni).

Col tempo la parola *ghetto* diventò il termine per descrivere il luogo dove erano raccolti gli ebrei, confinati nell'isola del *Gheto Novo*. Nel 1516 un decreto del Consiglio dei Dieci confinò infatti parecchi ebrei espulsi dalla Spagna in questa particolare zona di Venezia. Ancora oggi il termine *ghetto* indica il luogo dove si concentrano persone della stessa razza, religione e nazionalità. La vita degli ebrei a Venezia aveva regole ben precise: all'ora del coprifuoco si chiudevano i cancelli montati di guardia da soldati cristiani, che dovevano essere pagati dalla comunità ebraica.

Di notte, infatti, gli ebrei venivano separati dal resto della popolazione; di giorno potevano uscire dal Ghetto, ma dovevano indossare distintivi e berretti di identificazione. Potevano effettuare prestiti di denaro e lavorare unicamente nel commercio degli stracci e in campo medico. Anche se in seguito il quartiere ebraico venne ingrandito (includendo il *Gheto Vecio* e il *Gheto Novissimo*), il numero dei suoi abitanti fu sempre alto: nel XVII secolo risiedevano nel Ghetto più di 5000 ebrei. Questo spiega l'altezza – assai insolita per Venezia – delle case del quartiere, che arrivano fino a sette, otto piani. Con l'arrivo di Napoleone nel 1797 e poi, con la proclamazione del Regno d'Italia (1866), alla comunità ebraica veneziana fu riconosciuta la libertà.

Museo d'arte ebraica
Campo del Ghetto Novo
telefono 041 715359
10-17.30 (da ottobre a maggio)
10-19 (da giugno a settembre)
visite guidate alla mezza di ogni ora
a partire dalle 10.30
chiuso il sabato e le festività ebraiche

La chiesa di Santa Maria Gloriosa dei Frari

Questa grande chiesa gotica è seconda solo a San Marco per dimensione e altezza del campanile. Completata all'inizio del XV secolo, fu costruita per i frati francescani sulle fondamenta della chiesa precedente. Vedrai subito una grande piramide di marmo che sicuramente ti incuriosirà: ha una porta aperta, che simboleggia l'Aldilà, verso cui si avviano figure in corteo funebre. È il **monumento a Canova**, eseguito nel 1822 dagli allievi del grande scultore neoclassico, che inizialmente progettò quest'opera per il

Chiesa dei Frari
mausoleo dedicato al pittore *Tiziano*, mai realizzato per mancanza di fondi.

La chiesa ospita anche diverse **tombe di dogi** (come *Nicolò Tron*, *Giovanni Pesaro* e *Francesco Foscari*) e numerosi capolavori d'arte: oltre all'unica statua dello scultore *Donatello* conservata a Venezia (*San Giovanni Battista*), troverai due importanti dipinti di *Tiziano* (*Madonna di Ca' Pesaro* e, sopra l'altare maggiore, *l'Assunta*) e uno di *Giovanni Bellini* (*Madonna in trono col bambino e santi*). Al centro si trova il **coro dei Frati**, opera in legno intagliato di *Marco Cozzi*.

La Scuola Grande di San Rocco

San Rocco, protettore dei malati di peste, è il santo di questa Scuola Grande ↷ p. 27 risparmiata da *Napoleone*, che, dopo aver invaso Venezia, con un decreto del 1806 soppresse la maggior parte delle scuole e dei conventi della città. Un tempo la scuola si dedicava alle cure degli appestati; oggi San Rocco è soprattutto famosa per i suoi **dipinti**, una cinquantina di opere realizzate tra il 1564 e il 1587 da *Jacopo Robusti* detto il *Tintoretto* per il fatto che suo padre era un tintore. Per decidere chi doveva eseguire le decorazioni della Scuola, pare che inizialmente fosse stato indetto un concorso a cui intendevano partecipare diversi pittori veneti con i loro progetti. Ma *Tintoretto* agì d'astuzia: in gran segreto, dipinse un intero pannello del soffitto e lo mise al suo posto, battendo così tutti gli altri concorrenti e ottenendo l'incarico. In ventitre anni produsse 50 tele che trasformarono completamente l'interno della Scuola.

Scuola Grande di San Rocco
telefono 041 5234864
aperto tutti i giorni
9-17 (estate)
10-16 (inverno)

Tra una visita e l'altra, per uno spuntino al volo, vale certamente la pena di fermarsi Da Tarcisio: gelati per tutti i gusti, pizze e calzoni ripieni, proprio dietro la chiesa dei Frari.

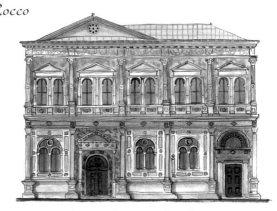

Scuola Grande di San Rocco

Il campo dei Santi Giovanni e Paolo

La chiesa dei Santi Giovanni e Paolo

Questa bella chiesa gotica, chiamata in veneziano *San Zanipolo* dai nomi dei due santi a cui è dedicata (in dialetto *Zani* è Giovanni e *Polo* significa Paolo), fu ultimata nel 1430 per l'ordine dei Domenicani ed è la più grande di Venezia. Lo sai che il campo di fronte alla chiesa era chiamato dai veneziani *campo delle Meravegie* (meraviglie)? Sembra che vi accadessero fatti straordinari e prodigiosi; se sei un tipo che non si lascia facilmente impressionare, in questa chiesa troverai parecchi segreti e curiosità. All'interno puoi dare innanzitutto un'occhiata al **monumento di Marc'Antonio Bragadin.** Pare che sotto il busto del *Bragadin* (scuoiato vivo dai turchi nel 1571 dopo la caduta di Famagosta, ultima cittadella veneziana nell'isola di Cipro), vi sia un'urna che contiene la sua pelle! E c'è anche un'altra reliquia (cioè una parte del corpo di un santo): il **piede di Santa Caterina da Siena.** Lo sapevi che la chiesa è soprannominata "Pantheon dei dogi"? Conserva infatti i **monumenti funebri di 25 dogi** (eseguiti dai fratelli *Lombardo* e altri scultori del tempo) tra i quali vi sono personaggi leggendari come *Vettor Pisani* e *Sebastiano Venier*, l'eroe di Lepanto. C'è anche *Tommaso Mocenigo*, il "doge profeta" che in punto di morte annunciò la rovina militare ed economica della Serenissima se fosse stato eletto dopo di lui *Francesco Foscari*. Strano, ma si avverò tutto. Guarda poi con attenzione i bei **dipinti** custoditi nella chiesa: lo splendido politico del *Bellini* (*San Vincenzo Ferreri*), il quadro del *Lotto* (*L'elemosina di Sant'Antonino*) e il ciclo del *Veronese* nella **cappella del Rosario.**

*Per una spremuta, un toast, un gelato o un dolcetto (da provare il budino di crema con l'uvetta) c'è l'*Antico **Caffè** Rosa Salva. *Si affaccia sul campo SS. Giovanni e Paolo ed è una delle pasticcerie più antiche di Venezia; col bel tempo ha anche i tavolini all'aperto.*

Tra cappellacci di streghe, scope volanti e pentoloni ribollenti di magiche pozioni dipinti sui muri, la simpatica Pizzeria Alla strega, *con giardino, ti accoglie nella sua atmosfera particolare proponendo una settantina di pizze diverse, per accontentare proprio tutti i gusti. Si trova vicino a San Zanipolo.*

La statua di Bartolomeo Colleoni

Vedi la statua del condottiero a cavallo che domina il campo? È opera dell'artista fiorentino *Verrocchio* (maestro di Leonardo) e raffigura *Bartolomeo Colleoni*, il comandante di mercenari che lasciò i propri averi alla Repubblica, pretendendo in cambio di avere una statua di fronte a San Marco (intendendo la Basilica). Il culto della personalità non era permesso dalla Serenissima e quindi, per tradizione, nemmeno il doge poteva avere una statua nella Piazza. Ma la Repubblica, a corto di fondi, trovò comunque un compromesso: Bartolomeo Colleoni ebbe la sua bella statua di fronte a San Marco, ma si trattava della *Scuola Grande di San Marco* (oggi sede dell'Ospedale civile di Venezia), che si trova a lato della chiesa dei SS. Giovanni e Paolo. I veneziani erano proprio dei gran furboni!

La chiesa dei Miracoli

Non mancare di visitare questa bella chiesetta costruita alla fine del XV secolo dall'architetto *Pietro Lombardo*: sembra un vero e proprio scrigno, decorato con **marmi** preziosi secondo lo stile rinascimentale. ⌒ p. 37 Nascosta in un labirinto di calli e callette, sorge metà dall'acqua e metà dalla terra, esprimendo l'aspetto "anfibio" dell'architettura veneziana. Il nome di questa chiesa sembra derivare dai poteri miracolosi della **tavola raffigurante la Vergine col bambino** che si trova sull'altare, ma anche dal fatto che si riuscì a realizzarla, quasi per miracolo, utilizzando i marmi avanzati dalla costruzione della Basilica di San Marco.⌒ pp. 82-83

Sarde in saòr, insalata di piovra, baccalà alla veneziana, crocchette di tonno, folpetti marinati, risotto di pesce, spaghetti con i caperozzoli… Queste sono alcune delle interessanti specialità locali da gustare nell'atmosfera cordiale della piccola Osteria Da Alberto, in calle Gallina, vicino alla bella chiesa dei Miracoli.

La chiesa di San Pietro di Castello

Da via Garibaldi in poco tempo si può raggiungere l'*isola di San Pietro di Castello*, che fu uno dei primi insediamenti di Venezia. Nella chiesa si trova il misterioso **trono di marmo** che pare provenga da una pietra tombale araba; secondo la leggenda, è su questo trono che si sarebbe seduto *San Pietro*. L'isola ha un'aria magica, un po' fuori dal tempo, forse perché conserva l'unico campo ricoperto d'erba che è rimasto a Venezia. La chiesa era la sede del *Patriarca* (il vescovo della città) e rimase la cattedrale di Venezia fino al 1807, quando fu sostituita dalla *Basilica di San Marco*, in origine cappella privata del doge.  pp. 82-83

Un tempo i veneziani venivano in questa chiesa tutte le domeniche di Quaresima e dopo la messa mangiavano le *fritole* ⌒ p. 59 e la *suca baruca*, cioè la zucca arrostita.

Chiesa di San Pietro di Castello
telefono 041 2750462
aperto tutti i giorni
10-17
San Pietro di Castello, Giardini

L'Arsenale e il museo di storia navale

Fondato nel XII secolo e successivamente ampliato, circondato da alte mura merlate come se fosse una città dentro la città, l'Arsenale veneziano era il più grande cantiere navale del mondo. Diventò talmente celebre in tutta Europa che la parola *Arsenale,* che deriva dall'arabo *Darsina'a* (casa dell'operosità), entrò presto in uso in 14 lingue.

Lo stesso *Dante Alighieri,* vedendo i 16 mila operai dell'Arsenale al lavoro tra pece e catrame bollente, rimase tanto impressionato che li descrisse nel XXI canto dell'*Inferno.* Troverai un suo busto nel muro esterno vicino all'entrata, dove ci sono anche quattro leoni di guardia. ⌒ p. 15 Sopra la porta vedrai invece un leone di guerra che tiene il libro del Vangelo tra le zampe. ⌒ p. 17 Questo enorme deposito di armi, remi e attrezzature navali era anche la fucina dove si eseguivano costruzioni, manutenzioni e riparazioni delle *galere* veneziane da guerra e "da mercato". ⌒ p. 41, 133

Arsenale
telefono 041 2709512
visite su prenotazione
martedì e sabato
8.30-12
🚊 Arsenale

Deliziosi tramezzini all'Arsenalbar un piccolo e grazioso bar difronte al maestoso ingresso dell'Arsenale.

Gli operai dell'Arsenale, chiamati *arsenalotti,* lavoravano in squadre: carpentieri, segatori, manovali e apprendisti, tutti operavano come parti di una catena di montaggio, orgogliosi di poter servire la Repubblica Serenissima in un settore così importante per la sua potenza e ricchezza, com'era quello navale. Prendendo il vaporetto, è possibile attraversare l'**Arsenale Vecchio** (che essendo zona militare, è chiuso al pubblico) e vedere la darsena del cantiere su cui si affacciavano le officine navali.

Se ti interessa sapere qualcosa di più sugli antichi splendori della marina veneta, devi assolutamente visitare il **museo di storia naval**e, vicino all'*Arsenale*, difronte alla *riva degli Schiavoni*. Ci troverai bussole, trofei navali, armi da fuoco, cimeli, uniformi, elementi di navi, piante di fortezze, armi da fuoco marittime e un curioso marchingegno detto il "cammello", cioè una morsa che rinserrava le navi sollevandole quel tanto necessario per farle passare attraverso i fondali bassi della laguna.

Sono esposti anche alcuni **modellini di navi e imbarcazioni**, tra cui una galeazza del XVII secolo e il **Bucintoro**, la preziosa galera dorata simbolo della Serenissima che serviva per la celebrazione della *festa della Sensa*. ↻ p. 111

Museo di storia navale
Castello 2148
telefono 041 5200276
8.45-13.30 da aprile a giugno
8.45-13 sabato
chiuso domenica
🎫 Arsenale

Curiosità

Chi abitava in campo dei Mori?

In questo campo, vicino al Ghetto ⌒ p. 93 e alla fondamenta della Misericordia, un tempo abitavano i fratelli Mastelli, dei mercanti arabi fuggiti dalla Morea (nel Peloponneso) durante le guerre civili e giunti a Venezia intorno al 1112. Scolpite sui muri esterni di un palazzo, ci sono ancora **quattro statue di orientali** col turbante, tra cui i tre fratelli mori *Rioba, Sandi e Alfani*, commercianti di sete. Secondo un'antica leggenda le statue altro non sono che i loro corpi pietrificati da un incantesimo.

Perché il ponte dei Pugni si chiama così?

È un ponte tra campo San Barnaba e *campo Santa Margherita* ⌒ p. 125, dove una volta si scontravano i membri delle opposte fazioni popolari dei *Castellani* (Castello, San Marco e Dorsoduro) e dei *Nicolotti* (San Polo, Cannaregio, Santa Croce e San Nicolò dei Mendicoli). In un primo tempo i combattenti utilizzavano delle canne e poi semplicemente i pugni; per mancanza degli attuali parapetti ⌒ p. 67 cadevano spesso in canale. Gli scontri arrivarono a essere così violenti, che nel 1705 furono proibiti. Sul ponte si possono ancora vedere le **impronte dei piedi** delle due squadre rivali.

Chi era il balotin?

Un ragazzino tra gli otto e i dieci anni scelto a caso nella *Basilica di San Marco*, che aveva il compito di estrarre dall'urna le *balote*, le palline di stoffa utilizzate per l'elezione del *doge*. ⌒ p. 89 Per essere eletti alla massima carica si dovevano avere, dopo vari passaggi, almeno 25 voti.

Se piove

Oggi piove? Niente paura, questo è il giorno ideale per andare un po' a zonzo al coperto. Ci sono tantissime cose che puoi fare: ammirare quadri meravigliosi antichi e moderni; curiosare tra i resti preistorici di dinosauri o dentro un palazzo veneziano del Settecento; andare alla scoperta dei tesori della Ca' d'Oro o della leggenda di San Giorgio e il drago. Venezia nasconde mille segreti e altrettante sorprese!

Le gallerie dell'Accademia

Nelle sale delle Gallerie sono conservati i quadri più preziosi e importanti della pittura veneta, in una collezione di opere dei più famosi artisti veneziani di ogni epoca.

Gotico veneziano (XIV sec.): *Paolo Veneziano* e il suo discepolo e omonimo *Lorenzo Veneziano*, con le loro splendide e raffinate opere dallo sfondo rilucente d'oro (simbolo di purezza), si rifanno alle prime icone bizantine e agli arabeschi di origine moresca (*L'incoronazione della Vergine*, 1325, di Paolo Veneziano).

Primo Rinascimento (XV sec.): *Bellini*, *Carpaccio* e *Giorgione* introducono nei loro quadri la prospettiva, l'interesse per il paesaggio e l'architettura, le forme dolci e morbide delle figure, che con l'atteggiamento del corpo e l'espressione del viso esprimono i loro sentimenti (*La leggenda di Sant'Orsola*, 1495-1500, di Carpaccio).

Secondo Rinascimento (XVI sec.): *Tiziano*, *Tintoretto*, *Veronese* e *Lotto* creano uno stile particolare detto veneziano in cui acquista nuova importanza il colore e la sfumatura, il gioco di luci e ombre, l'aspetto scenografico dei dipinti e la forza delle immagini (*Il convito in casa Levi*, 1573, di Veronese).

Barocco e Rococò (XVII e XVIII sec.): *Tiepolo*, *Guardi* e *Longhi* sviluppano una pittura vibrante e raffinata, che si interessa molto al paesaggio e alla vita della società veneziana (*La lezione di danza*, 1741, di Pietro Longhi).

Nella **collezione di disegni** ci sono anche alcuni fogli di *Leonardo da Vinci* e il quaderno di schizzi del *Canaletto*, che con le sue opere ci lasciò un'immagine quasi fotografica della Venezia della sua epoca, cioè della prima metà del Settecento.

Gallerie dell'Accademia
Dorsoduro 1050
telefono 041 5222247
8.15-14 lunedì
8.15-19 da martedì a domenica
 Accademia

La collezione Guggenheim

Il palazzo che ospita la collezione Guggenheim era detto **Ca' Venier dei Leoni** perché pare che la famiglia *Venier* fosse così stravagante da tenere in giardino un leone al guinzaglio! Come si può ben vedere, i lavori di edificazione del palazzo non andarono mai oltre il primo piano, forse per mancanza di fondi.

L'ultima proprietaria è stata la ricca collezionista americana *Peggy Guggenheim*; alla sua morte il palazzo è diventato un **museo di arte moderna** aperto al pubblico. Nelle sue sale troverai una delle più importanti collezioni d'**arte del Novecento**: opere di *Picasso, Pollock, Miró, Mondrian, Magritte, Kandinskij, De Chirico, Klee* e altri celebri artisti del XX secolo. C'è anche un bel **giardino** che ospita i lavori di scultori famosi. Qui sono sepolti anche i numerosi cani dell'eccentrica Peggy con una lapide che li ricorda tutti, da *Foglia* a *Cappuccino*. Bellissimo il **cancello**: sembra quasi una rete metallica in cui sono rimasti impigliati dei pezzi di vetro colorato.

Collezione Guggenheim
Dorsoduro 701
telefono 041 2405411
10-18; 10-22 sabato in (estate)
chiuso martedì

🚏 Salute, Accademia

Ti meriti proprio il famoso "Gianduiotto" della Gelateria da Nico: una tentazione irresistibile! Si trova alle Zattere, vicino all'imbarcadero dei vaporetti.

Il museo del Settecento veneziano

Sai come si viveva a Venezia nel Settecento? Per scoprirlo fai una visita a **Ca' Rezzonico**, un vero palazzo veneziano dell'epoca barocca. ↷ p. 37 Nelle **sale affrescate** del museo si trovano infatti **mobili e oggetti d'arredo**: cineserie, specchiere, candelabri dorati, splendidi lampadari in vetro di Murano, arazzi, collezioni di porcellane e tanti altri oggetti che appartengono al XVIII secolo. Vedrai una **camera da letto** completa, ma anche un **teatrino di marionette** e un'**antica farmacia**. Il museo conserva, inoltre, **dipinti** di famosi maestri del Settecento veneziano, come *Guardi* e *Tiepolo* e le particolari opere di *Pietro Longhi*, interessanti perché ci descrivono l'atmosfera aristocratica dei salotti e la vita di tutti i giorni dei veneziani del suo tempo: i personaggi, disposti come se fossero su una scena teatrale, vengono colti mentre sono impegnati in qualche attività quotidiana.

Ca' Rezzonico
fondamenta Rezzonico 3136
telefono 041 2410100
10-18 (estate); 10-17 (inverno)
chiuso martedì
🏛 Ca' Rezzonico

Il museo tessile e di storia del costume

Situato all'interno di **palazzo Mocenigo** (un esempio ben conservato di casa patrizia veneziana del XVII secolo), il museo conserva una splendida **collezione di preziosi tessuti antichi e moderni**, una ricca **raccolta di vestiti e accessori** che documentano la moda del Settecento a Venezia e un'interessante selezione di costumi di epoche diverse. Inoltre, possiede una vasta **biblioteca** con circa 6000 volumi specializzati nella storia dei tessuti, dei vestiti e della moda.

Museo di Palazzo Mocenigo
Santa Croce 1992
telefono 041 721798
10-17 (estate); 10-16 (inverno)
chiuso lunedì
🏛 San Stae

Galleria d'arte moderna di Ca' Pesaro

L'imponente palazzo seicentesco di Ca' Pesaro si affaccia sul Canal Grande ed è sede di una delle più prestigiose collezioni europee di **pittura** e **scultura** di **arte moderna**. Gioiello dell'architettura barocca veneziana progettato da *Baldassarre Longhena*, custodisce opere di famosi artisti italiani del '900 come *Boccioni, De Chirico, Casorati, Martini, Sironi, Morandi* ed altri ancora. Non mancano i capolavori di grandi autori stranieri come *Kandinsky, Chagall, Klee, Matisse, Klimt, Miró* per citarne alcuni.

E se l'antico oriente ti affascina, non perderti la preziosissima **collezione di armi e arte giapponese** del *periodo Edo* (1614-1868), esposta negli ultimi piani del palazzo.

Galleria d'arte moderna di Ca' Pesaro
Santa Croce 2076
telefono 041 5240695
10-17 novembre-marzo; 10-18 aprile-ottobre
chiuso lunedì
San Stae

Il museo Correr

Presenta un interessante itinerario per scoprire la storia e l'arte di Venezia. Iniziando dall' **Ala Napoleonica** p. 81, dove sono in mostra le meravigliose **sculture** di *Antonio Canova*, si prosegue nelle stanze dedicate alla Repubblica Serenissima. pp. 20-23
Al secondo piano si trovano il **museo del Risorgimento** e la **pinacoteca**, che conserva capolavori di *Vittore Carpaccio* (come *Ritratto di giovane con berretto rosso*), *Giovanni Bellini, Paolo Veneziano* e *Lorenzo Lotto*.

Museo Correr
San Marco 52
telefono 041 2405211
aperto tutti i giorni
9-19 (estate); 9-17 (inverno)
San Marco

La fondazione Querini Stampalia

Consiste nel patrimonio della famiglia patrizia *Querini Stampalia*.
Il palazzo (completo di mobili, arredi e biblioteca) fu donato alla citta' nel 1868 dall'ultimo discendente. La vasta **biblioteca** contiene circa 300.000 volumi. Nella **casa-museo** si possono ammirare **quadri** di grandi artisti come *Giovanni Bellini* e *Giambattista Tiepolo*. Al piano terra, visita il cortile veneziano trasformato in elegante **giardino** da *Carlo Scarpa*. ↝ p. 41

Fondazione Querini Stampalia
Castello 5252
telefono 041 2711411
10-18; 10-22 venerdì e sabato
chiuso lunedì

La Scuola di San Giorgio degli Schiavoni

Conosci la storia del cavaliere *San Giorgio* e di come salvò la figlia del re che doveva essere sacrificata a un terribile drago che si nutriva di carne umana? E quella di un bambino di nome *Trifone* che liberò la figlia dell'imperatore *Gordiano* dal diavolo tramutatosi in un essere mostruoso detto *basilisco*? E, ancora, quella del "miracolo della spina" che il saggio *San Girolamo* tolse dalla zampa di un ferocissimo leone?
I protagonisti di queste leggende sono tre santi protettori dei Dalmati e appartengono alle storie raccontate nei nove quadri (detti *teleri*), conservati nella Scuola, che *Vittore Carpaccio* dipinse tra il 1502 e il 1508, creando un'atmosfera quasi da fiaba dove anche il più piccolo dettaglio è curatissimo. I nove *teleri*, divisi in tre cicli pittorici, gli furono commissionati dalla comunità dei Dalmati (detti *Schiavoni*), che si erano stabiliti a Venezia per motivi commerciali e si riunivano nella *Scuola Dalmata*.

Scuola di San Giorgio degli Schiavoni
telefono 041 5228828
10-12.30 e 15-18
chiuso domenica pomeriggio e lunedì

Ca' d'Oro e la collezione Franchetti

È l'unico palazzo veneziano che non ha preso il nome dal suo proprietario, *Marino Contarini*, ma dalle scintillanti dorature che un tempo ricoprivano la sua elegante facciata facendola risplendere. Completata intorno al 1440 dai *fratelli Bon*, la Ca' d'Oro, insieme al Palazzo Ducale ⌒ p. 87, è sicuramente il più celebre esempio di gotico veneziano, detto "fiorito" per la ricchezza delle eleganti decorazioni. ⌒ p. 36 Come nel Palazzo Ducale, la **facciata** è infatti intessuta di raffinati trafori e preziosi marmi colorati, che rivelano la profonda influenza dello stile orientale. All'interno è conservata la **collezione d'arte antica** appartenuta all'ultimo proprietario, il *barone Franchetti*, che nel 1916 la donò allo Stato insieme al palazzo. Il palazzo fu così trasformato nell'attuale museo, recentemente restaurato.

Tra le opere più belle ci sono: il **San Sebastiano** (1506) di *Andrea Mantegna*, la **Coppia di giovani** in marmo (1493) di *Tullio Lombardo*, **L'annunciazione della Vergine** (1504) di *Vittore Carpaccio* e la **Venere allo specchio** di *Tiziano*.

Che ne diresti di un buon gelato per merenda? Alla Gelateria Soldà, in campo SS. Apostoli, non hai che l'imbarazzo della scelta.

Collezione Franchetti
Cannaregio 3933
telefono 041 5238790
aperto tutti i giorni
8.15-19.15
8.15-14 lunedì
🏛 Ca' d'Oro

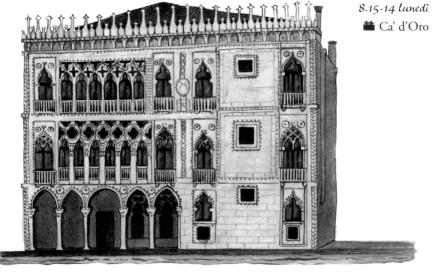

Il museo di storia naturale

È possibile trovare uno scheletro di **dinosauro** a Venezia? Sì, al museo di storia naturale. Si tratta di un *Ouranosaurus Nigeriensis*, lungo ben 7 metri e alto 3,6 metri. Lì, potrai vedere anche un antenato del coccodrillo, il *Sarcosuchus Imperator*, oltre alla collezione di **animali imbalsamati**, **minerali**, **fossili** di crostacei e a una sezione dedicata alla vita lagunare.

Il palazzo, in stile veneto-bizantino, è uno dei più antichi della città. ⌢ p. 36 Nel 1621 fu acquistato dai turchi che ne fecero un **fondaco** ⌢ p. 67 per i loro commerci. Caduto in disuso, fu poi restaurato sotto la dominazione austriaca; dall'inizio del Novecento è diventato la sede del museo di storia naturale.

Museo di storia naturale
Santa Croce 1730
telefono 041 2750206
9-13; 10-16 (sabato e domenica)
chiuso lunedì
🚋 Riva di Biasio

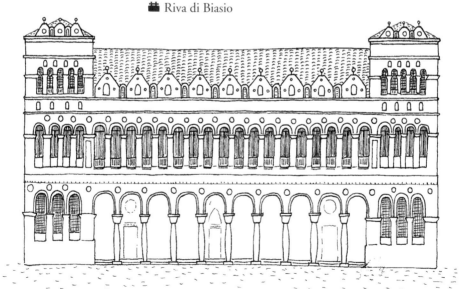

Giochiamo insieme

Scopri l'oggetto misterioso

Cosa sta ammirando Ciccio in una sala di Ca' Rezzonico? Unisci i puntini e lo scoprirai.

Curiosità

Cosa si celebrava con la festa della Sensa?

Il giorno dell'Ascensione il doge saliva sul *Bucintoro*, la maestosa galera dogale decorata con fregi e dorature, e gettava in acqua un *anello nuziale* dicendo: "Noi ti sposiamo, o Mare, in segno di effettivo e perpetuo dominio". La *Sensa* si festeggia ancora oggi, ma al posto del doge c'è il sindaco che celebra lo sposalizio tra Venezia e il mare, un tempo fonte di ogni potere e ricchezza della Serenissima.

Qual è il significato della parola Carnevale?

Deriva dal latino *carnem levare*, che significa eliminare la carne e spiega bene il carattere godereccio di questa festa che termina con l'inizio della Quaresima, periodo di penitenza e di rinuncia che precede la Pasqua.

Il Libro d'Oro ha sempre contenuto soltanto i nomi dei nobili?

No, per rimpinguare le casse della Repubblica anche alcuni ricchi mercanti furono ammessi nel Libro d'Oro, a patto che sborsassero ingenti somme di denaro. ⌒ p. 89

Cosa significa "bòvolo"?

Bòvolo in veneziano vuol dire chiocciola; da esso prende il nome il bellissimo **palazzo Contarini** (1499) situato vicino a campo Manin, dietro campo San Luca, detto appunto "del Bòvolo" proprio per la particolare forma della scala .

Cos'è la festa delle Marie?

Nella *chiesa di Santa Maria Formosa* ⌒ p. 124, il 30 gennaio di ogni anno, i sei sestieri ⌒ p. 31 donavano la dote a dodici ragazze povere (ma belle) dette "le Marie", che poi sfilavano con ricchi abiti lungo il Canal Grande fino alla *chiesa di San Pietro di Castello*. ⌒ p. 98

Le isole della laguna

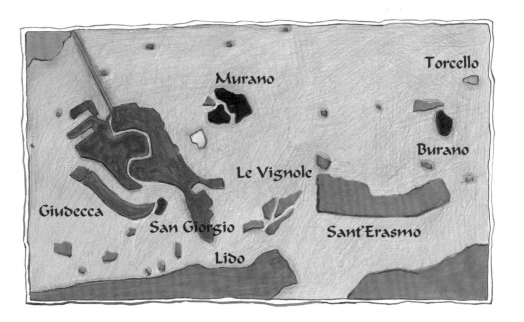

L'isola della Giudecca

Anticamente quest'isola si chiamava *Spinalunga* per la sua forma a spina di pesce. Una volta si pensava che il termine *Giudecca* si riferisse agli ebrei, detti anche *giudei*, che vivevano in quest'isola nel XIII secolo, ma è più probabile che derivi dagli *zudegà* (i giudicati), ribelli di famiglia nobile che venivano confinati qui. Oggi l'isola ha perso gran parte dei suoi antichi orti e giardini per far posto a **nuove costruzioni**; ospita il lussuoso *Hotel Cipriani* (l'unico hotel con piscina a Venezia), l'*Harry's Dolci* (pasticceria, bar e ristorante gestito da *Arrigo Cipriani*, il proprietario del famoso *Harry's Bar* ↻ p. 145) e il Centro congressi delle **Zitelle** (nella chiesa palladiana delle Zitelle, recentemente restaurata e così chiamata perché un tempo ospitava ragazze che si dedicavano alla produzione di pizzi e merletti). Anche il gigantesco **mulino Stucky**, costruito in *stile neogotico* alla fine dell'Ottocento, è in fase di restauro.

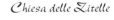

Chiesa delle Zitelle

Il capolavoro architettonico dell'isola rimane la **chiesa del Redentore**, costruita su progetto di *Andrea Palladio* tra il 1577 e il 1592, come ringraziamento per la liberazione di Venezia dal flagello della peste. Ogni anno il doge con il suo seguito visitava la chiesa del Redentore attraversando il canale della Giudecca su un **ponte di barche**. È nata così la **festa del Redentore**, che si celebra ancora oggi il terzo fine settimana di luglio. ⌢ p. 62

🎫 Redentore, Zitelle

Chiesa del Redentore

San Giorgio, l'isola dei cipressi

Conosciuta un tempo come l'isola dei cipressi, è oggi sede della **Fondazione Cini**, importante centro culturale in cui si tengono ogni anno manifestazioni e congressi. La **chiesa** e il **monastero dei frati Benedettini** furono costruiti dall'architetto *Andrea Palladio* tra il 1560 e il 1580 secondo lo *stile Rinascimentale*, che richiamava lo stile classico dell'antica Roma. ⌢ p. 37
All'interno della chiesa troverai tre dipinti del *Tintoretto*, ma il pezzo forte è il bellissimo *San Giorgio e il Drago* (1516) di *Carpaccio*. ⌢ p. 107 L'isola ospita un teatro all'aperto, il **teatro Verde**. Puoi anche salire con l'ascensore sulla cima del **campanile** e goderti il suggestivo panorama della laguna vista dall'alto.

🎫 San Giorgio

Il Lido, la spiaggia di Venezia

L'isola del Lido, raggiungibile in motonave, col motoscafo o con il vaporetto ↷ p. 49, è lunga 12 chilometri e larga 1 chilometro. È l'unica isola della laguna dove ci sono le automobili (arrivano dall'*isola del Tronchetto* con il *ferry-boat*), e separa Venezia dal mare Adriatico. Nella bella stagione una visita al Lido è un'interessante alternativa agli itinerari culturali e offre la possibilità di passare una giornata rilassante in mezzo alla natura. Puoi scegliere tra due itinerari.

🏛 Lido S.M. Elisabetta, Casinò.

La spiaggia

Se percorri a piedi il *Gran Viale Santa Maria Elisabetta*, in 10 minuti arrivi direttamente sul mare. Troverai sia la **spiaggia libera** (proprio in fondo al viale, dove c'è la *terrazza Blue Moon*) che i vari **stabilimenti** in cui è possibile affittare una capanna o noleggiare ombrelloni, sdrai e lettini. Il mare è pulito e puoi fare tranquillamente il bagno.

Esplorare l'isola in bicicletta

All'inizio di *via Doge Michiel*, proprio di fronte alla fermata dei vaporetti, si possono noleggiare biciclette e tandem ↷ p. 154 per fare un bel giro dell'isola. Andando verso sinistra si raggiunge la **spiaggia di San Nicolò**, il **faro** e il piccolo **aeroporto Nicelli del Lido**. A destra, oltrepassati i *murazzi* ↷ p. 66, si va invece verso il **paesino di Malamocco** (nell'VIII secolo sede del governo della laguna) e la **zona degli Alberoni**, dove ci sono un verdissimo campo da golf, una pineta e una splendida spiaggia con le dune.

Ti piacerebbe fare un bel volo panoramico vedendo dall'alto le meraviglie della laguna di Venezia? Questo sogno può diventare realtà! All'aeroporto Nicelli del Lido, in zona San Nicolò, c'è un aeroclub che, oltre a corsi di volo e paracadutismo, organizza fantastici e indimenticabili giri sopra la laguna. Aeroclub Ancillotto telefono 041 5260808

Murano, l'isola del vetro soffiato

È l'isola della laguna più popolata e, come Venezia, è formata da piccole isolette collegate tra loro da ponti. È famosa in tutto il mondo per la lavorazione del vetro. Questa attività tradizionale comincia a Venezia nel X secolo; nel 1291 i vetrai della città si trasferiscono a Murano come misura di sicurezza contro il pericolo di incendi. A partire dalla fine del XIII secolo l'isola ha oltre 30.000 abitanti, con governo, leggi e monete proprie.

Tra il XV e il XVII secolo Murano diventa il più importante centro vetraio d'Europa. Pur avendo notevoli privilegi, gli artigiani del vetro non potevano emigrare, se non rischiando pesanti punizioni e a volte anche la morte: i segreti del mestiere dovevano rimanere un privilegio della Repubblica.

Il periodo di antico splendore di Murano è testimoniato da alcuni palazzi, ma soprattutto dalla **basilica dei SS. Maria e Donato**. Questa chiesa del XII secolo è decorata con eleganti **colonne** veneto-bizantine e bellissimi **mosaici**, in cui spiccano uccelli esotici e simboli misteriosi. La parte più interessante della chiesa è l'**abside**, ricoperta di un mosaico a fondo d'oro che raffigura la Madonna.

Colonna, Faro, Navagero Museo, Venier

Ma la principale attrazione turistica dell'isola è ancora oggi la particolare tecnica di soffiatura del vetro dei **maestri vetrai**, capaci di trasformare una pallottola di *pasta vitrea* in uno splendido oggetto d'arte. Puoi vederli al lavoro in una delle numerose vetrerie dell'isola; la dimostrazione è gratuita. Una produzione tradizionale di Murano è quella delle **murrine**, pezzetti di vetro a forma cilindrica ricavati da cannucce colorate di pasta vitrea, fuse assieme in modo da creare disegni decorativi.

Tra i vari pezzi esposti nel **museo del vetro**, troverai la celebre **coppa Barovier**: in vetro soffiato e smaltato, risale al XV secolo ed è un ottimo esempio della raffinata produzione tradizionale muranese.

Museo vetrario
telefono 041 739586
10-17 (estate)
10-16 (inverno)
chiuso mercoledì

 Museo

Galleria Regina
A pochi passi dal museo, puoi visitare questa famosa galleria che espone le opere di artisti contemporanei del vetro di importanza internazionale.

L'antica isola di Torcello

Ti piacerebbe sederti sul **trono di Attila**, il famoso re degli Unni chiamato anche "flagello di Dio" per la ferocia delle sue devastazioni? Lo trovi a Torcello, isola incantata situata nel cuore della laguna di Venezia.

Partenza da 🚢 Fondamente Nuove

Fondata da profughi provenienti da Altino che fuggivano incalzati dalle pericolose invasioni barbariche ⌒ p. 18, un tempo Torcello era un centro ricco e importante con palazzi, chiese, conventi e oltre 10.000 abitanti.

Con l'ascesa e lo sviluppo di Venezia, per l'isola iniziò una fase di declino: oggi vi abitano solo una trentina di persone e della gloria di un tempo rimane solo la **cattedrale di Santa Maria Assunta**, la più antica chiesa della laguna. Fondata nel VII secolo, custodisce il grande **mosaico del Giudizio universale** e preziosi **bassorilievi** scolpiti con immagini di fiori e animali.

Cattedrale di Santa Maria Assunta
telefono 041 730119
aperto tutti i giorni
10.30-17.30 (estate)
10-16.30 (inverno)
🚢 Torcello

Chiesa di Santa Fosca

Oltre ai resti del **battistero** e alla **chiesa bizantina di Santa Fosca**, costruita a *croce greca* come la Basilica di San Marco (con bracci di lunghezza uguale) ⌒ p. 18, puoi dare un'occhiata al **museo dell'Estuario**, in cui sono esposti tesori archeologici e oggetti ritrovati durante gli scavi.

Museo dell'Estuario
telefono 041 730761
10.30-17.30 (estate)
10-16.30 (inverno)
chiuso lunedì

Burano, l'isola del merletto

Giallo sole, rosso geranio, blu elettrico, verde smeraldo, rosa fucsia… sono questi i colori delle case di Burano, che è senza dubbio l'isola più colorata della laguna. Le tinte vivaci delle **facciate delle case** a mettono allegria, specialmente nelle nebbiose giornate invernali.

Situata al nord della laguna, Burano è soprattutto famosa per la pesca e il **merletto**. Nella bella stagione ti potrà capitare di vedere le donne sedute all'aperto che ricamano i loro pizzi con infinita pazienza e abilità.

Puoi anche visitare il **museo della scuola di merletto** situato nella piazza principale dell'isola dedicata a Baldassarre Galuppi, il noto compositore nato a Burano all'inizio del Settecento.

Partenza da 🚢 Fondamenta Nuove.

Museo del merletto
piazza B. Galuppi 187
telefono 041 730034
10-17 (estate)
10-16 (inverno)
chiuso martedì

 # Curiosità

Qual è il noto "biondo veneziano" (detto anche biondo Tiziano) per cui le dame della Serenissima erano così famose?

È un biondo dorato leggermente tendente al rosso, che si ritrova nelle figure femminili di grandi pittori come *Veronese* e *Tiziano*. Sembra che le dame veneziane si schiarissero i capelli sulle altane ⌒ p. 31, grazie all'azione del sole e di una speciale ricetta a base di sapone di Damasco, allume, pipì di cavallo e piombo. Pensa un po' a quei tempi, cosa non si faceva per essere belle…

Cos'è il Festival del cinema?

È una importante concorso cinematografico internazionale che si tiene ogni anno al **palazzo del cinema** del Lido, durante le prime due settimane di settembre. Vi partecipano numerosi film italiani e stranieri: il migliore viene premiato con il *Leone d'Oro*.

Cosa sono le Zattere?

Si tratta di una lunga banchina che fronteggia l'isola della Giudecca. Il nome sembra derivare dagli *zatteroni galleggianti* che anticamente, proprio in quel tratto di rive, scaricavano il sale, di cui Venezia aveva il monopolio commerciale tra l'XI e il XV secolo. Oggi, soprattutto nelle belle giornate, le *Zattere* sono animate da gente che passeggia lungo la banchina e affolla i bar, i ristoranti e i caffè all'aperto.

Venezia
per giocare

Dove giocare e divertirsi

Dove è possibile giocare e incontrare ragazzi e bambini della tua età? A Venezia ci sono diversi **campi** ⌒ p. 29 in cui ci si ritrova per divertirsi assieme. Ecco una lista dei più importanti, con indicazioni di bar e gelaterie dove poter fare merenda.

Campo del Ghetto

Il campo del Ghetto ha una storia antica, le cui tracce sono ancora visibili. ⌒ p. 93 Oggi è diventato soprattutto un piacevole luogo d'incontro per bambini e ragazzi che, nel tempo libero, si ritrovano qui per giocare e stare insieme. Soprattutto in estate, è il regno degli appassionati di *roller-blade*, che sfrecciano velocissimi sulla nuova pavimentazione. Se collezioni carte telefoniche o simili, occhio al **mercatino di settembre**: poco prima dell'inizio della scuola, in questo campo si tiene una **festa popolare** e per l'occasione i bambini organizzano un mercatino di oggetti di seconda mano. Tra il vecchio ciarpame da soffitta, puoi trovare ad ottimi prezzi giornalini, libri, oggetti da collezionare, giocattoli e curiosità di ogni genere.

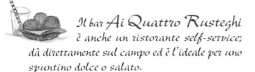

Il bar *Ai Quattro Rusteghi* è anche un ristorante self-service; dà direttamente sul campo ed è l'ideale per uno spuntino dolce o salato.

Campo Santa Maria Formosa

Situato a 5 minuti da *Piazza San Marco* ⌒ pp. 81-85, è uno dei campi più ampi della città, molto frequentato specialmente al pomeriggio. Se sei un patito del pallone e ami le partite di calcio e pallavolo, è il luogo che fa per te! Troverai un bel via vai di ragazzini impegnati in vari giochi: bici, pattini, gare di disegno da fare per terra con i gessetti colorati, salto con la corda o, se fa caldo, battaglie con le pistole ad acqua (da ricaricare alla fontana che si trova al centro del campo).

Nella vicina calle lunga *San Lio*, trovi la *Boutique del Gelato* che produce artigianalmente dell'ottimo gelato, uno dei migliori di *Venezia*.

Sul campo si affaccia la **chiesa di Santa Maria Formosa** ⌒ p. 111, dove ci sono diverse opere di famosi pittori veneziani tra cui un bel dipinto di *Jacopo Palma il Vecchio* (*Santa Barbara e Santi*, 1510 circa).

Proprio di fronte alla chiesa, in una casetta che si affaccia sul canale, al piccolo bar Zanzibar *troverai una buona scelta di gelati, panini, toast, frappè, spremute e centrifughe.*

Alla **pasticceria** Marchini, *famosa per la sua ricca produzione artigianale, non avrai che l'imbarazzo della scelta: dalla pasticceria tradizionale (ti consigliamo per esempio i coni ricoperti di cioccolata e ripieni di crema al caffè) ai prodotti tipici veneziani (come bussolai, sbreghette, basi de dama, spumiglie). La trovi al ponte delle Paste vicino a campo Santa Maria Formosa.*

Campo Santo Stefano

Questo campo, situato vicino al *ponte dell'Accademia* ⌒ p. 34, è uno dei più grandi di Venezia. Famoso per la **statua** del patriota e letterato *Niccolò Tommaseo*, che i veneziani chiamano scherzosamente "Cagalibri" (se lo osservate di profilo, capirete il perché!), anticamente ospitava le *corse dei tori* e i *balli di Carnevale*. ⌒ p. 52 Oggi il campo è animato dai giochi dei bambini: bici, pattini, *skate-board*, salto alla corda, salto con l'elastico, ma soprattutto appassionanti partite di calcio contro il muro della chiesa.

In calle della Mandola, *tra campo* Manin *e campo* Sant'Angelo, *il* Ristorante-Pizzeria Rosa Rossa *offre una buona scelta di piatti a prezzi ragionevoli, oltre a una lista di pizze per tutti i gusti. Un consiglio: prova la "pizza* Paperino", *una specialità della casa con sorpresa!*

Assaggia i gelati deliziosi della Gelateria Paolin!

Campo Santa Margherita

Si trova proprio nel cuore del *sestiere di Dorsoduro* ~ p. 31 ed è sempre vivace per il **mercato all'aperto di frutta e verdura**, le botteghe e i caffè brulicanti di gente. Di solito i ragazzini veneziani si ritrovano qui per giocare a calcio o pallavolo, mentre le bambine giocano insieme con il *frullo*, una palla legata a una corda che si fa girare alla caviglia e che bisogna abilmente saltare con l'altro piede. Oltre ai giochi tradizionali come le corse sui pattini, con la bici, il salto alla corda o il *campanon* (delle caselle numerate disegnate per terra con un gessetto, su cui bisogna saltare con un piede solo), si fanno anche giochi di squadra, come *rubabandiera* o *nascondino*.

Essendo zona universitaria, il campo è ben fornito di bar: occhio all'ottima pizza al taglio di Pizza al Volo, ai tramezzini del Caffè Bar Rosso e ai gelati artigianali di Causin, come la panna in ghiaccio (panna gelata tra duecialde), le mini-mousse al caffè o al cioccolato e i "moretti" (gelato di panna ricoperto di cioccolato).

Campo San Polo

L'esteso spazio del campo oggi è frequentato da squadre di calciatori di tutte le età. Si gioca anche con le bici, i pattini a rotelle e soprattutto all'*elastico*, un complicato gioco di intrecci tenuti fermi dalle caviglie di due giocatori, mentre un terzo deve saltare con abilità. In maggio, poco prima della chiusura delle scuole, in questo campo si possono fare ottimi acquisti perché i ragazzi solitamente organizzano un **mercatino** dove si vende di tutto: libri, giornalini, giocattoli di ogni genere e oggetti da collezionare come figurine, schede telefoniche…

Campo San Giacomo dell'Orio

Nel sestiere di Santa Croce ⌒ p. 31, vicino alla fermata del vaporetto di *San Stae*, troverai questo tranquillo campo con al centro l'omonima **chiesa**. Lo strano nome del campo sembra derivare da un albero di alloro (*orio*), che un tempo cresceva vicino alla chiesa. La pavimentazione è stata risistemata di recente con grande gioia dei ragazzini, che si ritrovano per giocare a pallone, andare in pattini o in bicicletta, disegnare con i gessetti o giocare al *campanon*.

Il Cico Bar è l'ideale per una sosta o una pausa-merenda tra un gioco e l'altro: bibite, spremute, toast, gelati e ghiaccioli (chiamati stik dai bambini veneziani).

I vigili urbani

Non essendoci le auto, i vigili qui hanno meno da fare che in altre città. A volte hanno anche il tempo di intervenire nei divertimenti dei bambini facendo sospendere quei giochi che – per uno strano ordinamento municipale – a Venezia non sarebbero permessi (come bici, pattini a rotelle, *skate-board* o pallone: praticamente quasi tutto!). Per fortuna, il più delle volte c'è molta tolleranza da parte dei vigili. In caso contrario non vi resta che imitare i bambini veneziani, che in questa situazione prendono sottobraccio il pallone o altro e tagliano velocemente la corda!

Vale decisamente la pena di fare un salto fino al vicino campo Nazario Sauro, per scoprire la bontà dei gelati della gelateria Alaska, davvero speciali per l'ottima qualità e l'originale varietà di gusti: oltre ai classici alla crema e alla frutta, puoi assaggiare anche pera, fichi, sedano, carota, malto e perfino corn flakes!

Giochi e modi di dire

Kibacheba

È un tipo di calcio che si gioca solo in due, per cui si è allo stesso tempo attaccanti, difensori e portieri. Per tirare contro il tuo avversario puoi arrivare al massimo fino a metà campo.

Piera alta

Significa "pietra alta": un bambino deve prendere gli altri, che possono mettersi in salvo solo salendo su qualcosa, come ad esempio un gradino.

Mea!

In veneziano è il gioco di "nascondino".

Ghe!

È invece il gioco di rincorrersi per prendersi.

Ocio!

Significa *stai attento!* Si dice ai compagni della propria squadra di calcio, quando arriva un tiro particolarmente forte.

Ostrega!

Letteralmente significa "ostrica": è un modo di dire che equivale ad accidenti, perbacco, ed esprime sorpresa o disappunto.

Il Laboratorio Blu e la ludoteca

Sono due spazi creati appositamente per giocare, divertirsi e fare amicizia.
La partecipazione alle iniziative non è riservata solo ai veneziani, ma è aperta a tutti.

Il Laboratorio Blu

È una simpatica libreria che si trova in campo del Ghetto (sestiere di Cannaregio), vicino alla stazione ferroviaria e alla fermata del vaporetto di San Marcuola.

È specializzata in libri per bambini e ragazzi. Organizza corsi di ogni tipo, anche della durata di pochi giorni: lettura di favole, terracotta, carta riciclata, fotografia, pasta di sale, giocolieri, ecc.

Grande festa di Halloween
Il 31 ottobre il Laboratorio Blu organizza una grande festa di Halloween. Alcuni giorni prima ci si ritrova in libreria per preparare e costruire maschere e costumi. Divertimento per tutti!

La ludoteca

LUDOTECA

Cerchi uno spazio pieno di giochi, dalle costruzioni ai video-games, tutti a tua disposizione? Per fortuna c'è... **La** *Luna nel Pozzo*! Con una semplice iscrizione ti viene data la tessera annuale e offerta la possibilità di giocare con gli oltre 500 giochi messi a disposizione. Puoi anche averli in prestito e portarteli a casa o in albergo (per un periodo massimo di quindici giorni), basta versare una piccola quota. Con la tessera hai anche la possibilità di partecipare gratuitamente ai numerosi laboratori organizzati dalla Ludoteca e frequentare i corsi di acquerello, yoga per bambini, origami, carta marmorizzata, burattini, ecc.

Ludoteca La Luna nel Pozzo
Santa Maria Ausiliatrice
Castello 450
telefono 041 5204616
14.30-18.30
chiuso sabato e domenica
✚ Giardini

Gioco, creatività e natura

In Calle de le Bande (Vicino al Ponte di Rialto e a Calle Lunga San Lio) ecco un negozio specializzato in giochi di ogni genere per un pubblico di tutte le età. Oltre a un fornito reparto di giocoleria e giocattoli educativi per i più piccoli, puoi trovarvi anche un vasto assortimento di giochi da tavolo. I più curiosi possono sbizzarrirsi con fantasiosi rompicapo, insoliti accessori e articoli originali come la "palla mistica" e la "trottola volante". Interessante il reparto scientifico, con articoli dedicati all'osservazione della natura e dell'ambiente.

Lanterna Magica
Calle de le Bande
Castello 5379
✚ Giardini

Giocare nel verde

Parco Ca' Savorgnan

Si trova nel sestiere di Cannaregio ↷ p. 31, tra la *stazione ferroviaria* e il *ponte delle Guglie*. È un parco immerso nel verde, pulito e ben tenuto. Oltre che giocare a pallone, con la bici, la corda, organizzare gare di automobiline o battaglie con le pistole ad acqua (c'è l'immancabile fontana), per divertirsi ci sono anche giostre, dondoli, scivoli, altalene, una casetta di legno e addirittura tavoli da ping pong (occorre però portarsi pallina e racchette).

🚉 San Marcuola, Ponte delle Guglie

Parco Ca' Savorgnan
8-19 (estate)
8-18 (inverno)

Giardini della Biennale

Per i più piccoli, in uno dei pochi polmoni verdi della città lagunare, ci sono tanti giochi in legno: casette, altalene, scivoli, dondoli, cavallucci a molla, ma anche percorso a ostacoli e corde per arrampicarsi. Situati vicino ai **padiglioni della Biennale** ↷ p. 151, questi giardini sono facilmente raggiungibili sia a piedi (facendo una bella passeggiata da *Piazza San Marco* lungo la *riva degli Schiavoni*), che in vaporetto.

🚉 Giardini

Giardini di Sant'Elena

Sono sicuramente l'area verde pubblica più estesa di Venezia. Immersi nella bella pineta dell'*isola di Sant'Elena* – dove si trova anche lo **stadio di calcio** – ci sono **aree per un picnic** e ampi spazi per giocare a *basket*, a calcio, a pallavolo e pattinare. Il parco è fornito di altalene, scivoli, dondoli e altri giochi, che rendono questi giardini adatti a ragazzi di tutte le età, dai più piccoli ai più grandi.

🚉 Sant'Elena

Un pomeriggio in piscina

A Venezia esistono due piscine di recente costruzione, dove è possibile praticare nuoto libero o seguire i corsi con l'istruttore.

Piscina di Sant'Alvise

Non lontana dalla stazione, questa piscina si trova all'interno del **parco di villa Groggia**, sede di una biblioteca aperta al pubblico. Si organizzano corsi di nuoto con istruttore, ma ci sono anche orari in cui, se sai già cavartela, puoi praticare nuoto libero.

Piscina Sant'Alvise
Cannaregio 3161
telefono 041 713567
Sant'Alvise

Piscina di Sacca Fisola

La moderna piscina di *Sacca Fisola* si trova sull'omonima isola ed è raggiungibile con il vaporetto che attraversa il *canale della Giudecca*. Durante tutto l'anno, si organizzano corsi di nuoto di 12 lezioni a frequenza bisettimanale, ad eccezione dei mesi di luglio e agosto in cui la piscina è chiusa. C'è anche la possibilità di praticare il nuoto libero acquistando il biglietto all'entrata. Indispensabili: costume, cuffia (obbligatoria), ciabatte di gomma e accappatoio. La piscina è dotata di docce ad acqua calda e phon per asciugarsi i capelli, compresi nel prezzo.

Piscina comunale
isola di Sacca San Biagio
Sacca Fisola
telefono 041 5285430
Sacca Fisola

 # Curiosità

Cos'è la Fenice?

Simbolo dell'omonimo teatro veneziano, secondo
la leggenda è un uccello che rinasce dalle proprie
ceneri. Stranamente questo sembra essere anche il tri-
ste destino del *Teatro La Fenice*, bruciato più volte tra cui il
12 dicembre 1836 e, recentemente, il 29 gennaio 1996.

Cos'era il celebre "Ridotto veneziano"?

Era la prima casa da gioco pubblica in Europa, istituita
nel 1638 da *Marco Dandolo*. In questo casinò di proprietà del governo, ogni sera si bruciavano fortune e
capitali al tavolo verde e i giocatori, per essere ammessi,
dovevano indossare la maschera. Nel 1774 il Ridotto fu
chiuso per i numerosi casi di veneziani finiti in "braghe
de tela" (cioè in miseria), a causa del terribile vizio.
La mania del gioco d'azzardo non sembra essersi spenta a
Venezia: ancora oggi esiste il **Casinò comunale**, che ha
sede nelle splendide sale di *Ca' Vendramin Calergi*. ➔ p. 37

Quante gondole sono attualmente in uso a Venezia?

Circa 350, strumento di lavoro per un mestiere che fino a poco tempo fa era rigorosamente trasmesso di padre in figlio, e solo recentemente si è aperto, tramite concorso,
a tutti gli aspiranti gondolieri. ➔ pp. 43-46

Perché il bicchiere di vino in dialetto veneziano si chiama "ombra"?

Perché una volta, in Piazza San Marco, proprio ai
piedi del grande campanile, il cosiddetto *"paron de
casa"* ➔ p. 83, c'erano diverse rivendite di vino
sfuso che veniva mantenuto fresco all'ombra.

Qual è il "palazzo maledetto" del Canal Grande?

È **Ca' Dario**, che pare porti sfortuna ai suoi proprietari. In effetti, alcuni di essi sono morti in circostanze veramente misteriose.

Quali sono gli hotel per cui il Lido diventò così famoso a inizio secolo?

Sono l'**Hotel Excelsior**, con facciata in stile moresco (all'epoca il più grande hotel del mondo) e il **Grand Hotel des Bains** (splendido ancora oggi nel suo stile *Art Déco*), che presto attirarono una ricca e sofisticata clientela internazionale, facendo del Lido la spiaggia di villeggiatura più famosa e alla moda d'Europa. Le caratteristiche **capanne** che vedi sulla spiaggia, sono confortevoli spogliatoi per i bagnanti. ⌐ p. 115

È vero che gli operai dell'Arsenale potevano costruire una galera in 24 ore?

Sì, pare che gli *arsenalotti* ⌐ p. 99 fossero così efficienti, da essere capaci di completare una nave da guerra in una sola giornata di lavoro. A *Enrico III* di Francia bastò il tempo di partecipare a un ricevimento, per vedere costruita e ultimata una *galera veneziana*. ⌐ p. 41 Fu un messaggio implicito sulla potenza e la rapida organizzazione della Serenissima in caso di attacco o di necessità: a buon intenditor, poche parole!

Quali famosi film sono stati girati a Venezia?

Venezia, con il suo paesaggio unico al mondo, rappresenta un set particolare, molto richiesto per la realizzazione di film; tra i tanti, ricordiamo *007 Moonraker* con *Roger Moore* e *Indiana Jones e l'ultima crociata* con *Harrison Ford* e *Sean Connery*.

Venezia popolare e letteraria

Qualche parola in veneziano

Sai riconoscere il significato delle parole in dialetto veneziano? Se hai qualche problema ecco qui alcune parole di uso comune con il corrispondente significato in italiano.

Vocabolarietto di veneziano-italiano

Ancùo	*Oggi*		Papussa	*Pantofola*
Anelo	*Anello*		Pesse	*Pesce*
Bala	*Palla*		Piron	*Forchetta*
Boresso	*Risarella*		Poareto	*Poveretto*
Botega	*Negozio*		Puteo	*Bambino*
Calegher	*Calzolaio*		Recia	*Orecchio*
Ciacolar	*Chiaccherare*		Satta	*Zampa*
Ciapar	*Prendere*		Scagio	*Ascella*
Degheio	*Confusione*		Scarsea	*Tasca*
Famegia	*Famiglia*		Schei	*Soldi*
Fio	*Ragazzo*		Scoasse	*Immondizie*
Fia	*Ragazza*		Servelo	*Cervello*
Gnanca	*Neanche*		Sior	*Signore*
Imbriago	*Ubriaco*		Tecia	*Pentola*
Impissar	*Accendere*		Toco	*Pezzo*
Insemenìo	*Sciocco*		Tola	*Tavola*
Leon	*Leone*		Vecio	*Vecchio*
Musso	*Asino*		Verzer	*Aprire*
Ongia	*Unghia*		Vardar	*Guardare*

Proverbi e modi di dire

Xe più fadiga taser che parlar
Si fa più fatica a tacere che a parlare

Saco vodo non sta drito
Sacco vuoto non sta in piedi
(chi non mangia a sufficienza non ha forze)

A chi no vol far fadighe, el teren ghe produse ortighe
A chi non vuole faticare il terreno produce solo ortiche
(chi vuole guadagnare deve impegnarsi e lavorare sodo)

Chi vol star ben, toga le robe come che le vien
Chi vuole stare bene, prenda le cose come vengono

El pesse grosso magna el picolo
Il pesce grosso mangia il pesce piccolo
(vince sempre il più forte)

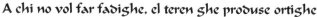

Bronsa coverta
Bronza nascosta (acqua cheta)
(persona che in apparenza sembra calma, ma in realtà è il contrario)

I venexiani nasse strachi e vive par riposar
I veneziani nascono stanchi e vivono per riposare
(commento sarcastico sull'oziosità dei veneziani)

Xe megio oseo de bosco che de gabia
È meglio essere uccel di bosco che vivere in gabbia
(la libertà non ha prezzo)

Vicentini magnagati, Veronesi tuti mati, Padoani gran dotori, Venexiani gran siori. E de Rovigo? De Rovigo no m'intrigo!
Vicentini mangiagatti, veronesi tutti matti, padovani gran dottori, veneziani gran signori. E quelli di Rovigo? Dei rovigoti non dico nulla!

Canzoni e filastrocche

Esistono molte canzoni dedicate a Venezia, come *Marieta monta in gondola*, *El vecio gondolier* oppure *La festa del Redentor*. Una classica canzone veneziana, che sentirai cantare anche dai gondolieri, è *La biondina in gondoleta*, che racconta la storia di una bella ragazza bionda portata a spasso in gondola.

La biondina in gondoleta

La biondina in gondoleta
L'altra sera go menà,
Dal piaser la povereta
La s'ha in bota indormenzà.
Una sola bavesela
Sventolava i so caveli
E faceva che dai veli
Sconto el sen no fusse più.
Perchè, oh Dio, che bele cosse
Che go dito e che go fato
No, mai più tanto beato
Ai me zorni non sarò.

Tra le varie filastrocche, sicuramente quella di *San Martin* è una delle più famose. La cantano i bambini veneziani l'11 novembre (giorno dedicato alla festa del Santo), mentre passano di casa in casa per raccogliere delle offerte, improvvisando concertini con coperchi e casseruole. ⌒ p. 63

San Martin

San Martin xe andà in soffita
a trovar ea so novissa.
So novissa no ghe gera
San Martin xe cascà par tera!
E col nostro sachetin
Ve cantaremo el San Martin!

Giochiamo insieme

Scioglilingua veneziano

Ecco un curioso scioglilingua in dialetto veneziano.
Sai cosa significa?

I ga igà i gai

Letteralmente significa…
Hanno (I ga) legato (igà) i galli (i gai)

Una fiaba veneziana

L'Omo Salvadego

Questa antica fiaba veneziana racconta le avventure di Toni e di come imparò a diventare furbo, grazie alle lezioni dell'Omo Salvadego (l'Uomo Selvatico).
Esiste ancora oggi a Venezia, vicino all'attuale ufficio delle poste dietro Piazza San Marco, il *ramo* e *la calle del Salvadego*. pp. 81-85

C'era una volta una madre che aveva sette figli; i primi sei erano bravi e lavoratori, mentre il settimo, che si chiamava Toni, pur essendo grande e grosso era un gran scansafatiche e pensava solo a mangiare.
Un giorno la madre si arrabbiò perché Toni ne aveva combinata un'altra delle sue e lo cacciò di casa in malo modo. Toni allora vagò senza sapere dove andare finché nei pressi di Piazza San Marco incontrò l'Omo Salvadego. Questo era un grasso omaccione con lunghi baffoni neri e due mani grandi come due pale di mulino. Il naso era pieno di bitorzoli e gli occhi rotondi come due grosse biglie. La bocca poi, quando si spalancava per parlare, assomigliava proprio a un forno per quanto era enorme.

Toni spaventatissimo, stava per darsela a gambe quando l'Omo Salvadego gli parlò: "Dove scappi giovincello, ora che sei stato cacciato di casa da tua madre? Ti propongo un patto: rimani con me, al mio servizio e vedrai che non dovrai pentirtene. Se tra un anno non sarai soddisfatto, potrai tornartene da tua madre e dai tuoi sei fratelli".

Stupito di come costui conoscesse così tanti particolari della sua vita, e pur essendo impaurito a morte dall'aspetto dell'omaccione, Toni capì che non aveva altra scelta e decise di stare al patto.

Trascorse così un anno e Toni non si poteva proprio lamentare del trattamento che gli riservava l'Omo Salvadego: in cambio del suo lavoro di servitore aveva bei vesti-ti, un alloggio nel palazzo dell'omaccione proprio dietro Piazza San Marco e cibo a volontà. Ma, dato che cominciava a sentire nostalgia per la sua famiglia, un giorno chiese all'Omo Salvadego il permesso di fare una visita alla madre e i fratelli.

L'omaccione acconsentì e in più gli diede in dono un asino, dicendogli: "Mi raccomando Toni, non devi mai dirgli di fare i suoi bisogni o succede un putiferio".

Ma Toni, che era un gran curiosone, non appena uscito dal palazzo dell'Omo Salvadego, volle fare subito una prova per vedere cosa poteva mai succedere.

Così ordinò all'asino: "Fai i tuoi bisogni!" e questo, al posto di quello che ci si poteva aspettare, cominciò ad espellere rubini, diamanti e smeraldi. Ora bisogna dire, come forse si sarà capito, che l'Omo Salvadego era in realtà un potentissimo mago che voleva mettere Toni alla prova.

Tutto contento per la scoperta fatta, Toni arrivò dunque nei pressi del ponte di Rialto che si trovava a metà strada rispetto a casa sua. Era un po' stanco e inoltre si stava facendo sera, così decise di fermarsi in una locanda. Siccome oltre ad essere curioso era anche poco astuto, parlando con l'oste si lasciò sfuggire: "…E mi raccomando, mettete quest'asino fatato al sicuro perché fa gioielli anziché i suoi bisogni!"

L'oste, che era invece un gran furbone, quella sera fece bere e mangiare Toni fino a scoppiare; lo ficcò a letto che ronfava come una locomotiva. Scivolò poi nella stalla per verificare di persona se quello che aveva detto Toni fosse proprio vero.

Dopo aver visto che dicendo "fai i tuoi bisogni!" l'asino produceva effettivamente gemme preziose, pensò bene di sostituirlo con un comunissimo asino qualsiasi e di tenersi quello fatato.

Il mattino seguente, l'ingenuo Toni riprese quello che pensava fosse il suo asino e si incamminò verso casa. Una volta arrivato, non vedeva l'ora di mostrare alla madre e ai suoi fratelli il dono che gli aveva dato l'Uomo Selvatico. Ma quale fu la sua sorpresa quando, dopo aver ordinato alla madre di tirar fuori le lenzuola più belle, profumate con rose e mazzi di lavanda, si accorse che l'asino eseguiva effettivamente l'ordine di fare i suoi bisogni nell'unico modo in cui era stato da sempre abituato.

In mezzo al trambusto generale, tra la puzza e le urla della madre che di fronte a quello spettacolo si era inferocita e voleva legnarlo per bene, Toni pensò che non poteva fare altro che svignarsela. Ritornò così, mogio mogio, dall'Uomo Selvatico, che quando seppe come erano andate le cose si arrabbiò tantissimo e lo sgridò per benino, ma alla fine decise di riprenderlo al suo servizio nel palazzo.

Dopo due anni però, a Toni tornò nuovamente la nostalgia e il desiderio di rivedere la sua famiglia. L'Uomo Selvatico acconsentì di lasciarlo andare e questa volta gli regalò un tovagliolo, avvertendolo però che non avrebbe mai dovuto dire "Apriti tovagliolo, richiuditi tovagliolo!".

Quel curiosone di Toni bruciava dalla voglia di vedere che cosa succedeva al tovagliolo dandogli quello strano ordine. Non aveva fatto che pochi passi fuori del palazzo dell'Uomo Selvatico, che aveva già tirato fuori il tovagliolo e pronunciato la formula magica. Il tovagliolo, che era fatato, si aprì riempiendosi di monete d'oro e d'argento e poi si richiuse, formando un prezioso fagotto che Toni si ficcò in tasca.

Ma appena arrivato alla locanda di Rialto, l'oste, che come sappiamo era un furbone di tre cotte, lo fece mangiare e bere finché Toni, ubriaco, raccontò per filo e per segno la storia del tovagliolo fatato che aveva in tasca. Allora l'oste lo accompagnò a letto e sostituì il tovagliolo dell'Uomo Selvatico, che aveva l'aspetto di un comune tovagliolo di cotone bianco, con un altro identico.

Anche questa volta Toni, che voleva fare bella figura con la famiglia, dovette invece darsela a gambe, perché la madre e i fratelli pensavano che si divertisse a prenderli in giro con tutta questa strana storia del tovagliolo fatato, che poi era in realtà un normale tovagliolo, del tutto uguale a quelli che c'erano in casa.

Tornato nuovamente dall'Omo Salvadego, Toni dovette subire i rimbrotti e i rimproveri che giustamente si meritava. Riprese a servirlo e per tre anni se ne rimase buono.

Ma allo scadere del terzo anno, sentì ancora un gran desiderio di ritornare dalla sua famiglia, anche se a palazzo non gli mancava nulla e veniva trattato benissimo. Come sempre, l'Omo Salvadego acconsentì di lasciarlo andare e gli diede in regalo un bastone, raccomandandogli di non dire mai "Alzati bastone!" e neanche "Abbassati bastone!". Il nostro Toni moriva dalla curiosità di provare il bastone che doveva avere sicuramente qualche magica proprietà. Così non appena fu lontano da Piazza San Marco, tirò fuori dalla borsa il bastone dicendo: "Alzati bastone!".

Non l'avesse mai fatto! Il bastone cominciò a scaricargli addosso una carriolata di botte, e più Toni cercava di scappare, più il bastone lo rincorreva suonandogliele di santa ragione. Alla fine stremato e senza fiato in gola, ricordandosi del secondo ordine, riuscì appena a sussurrare con un filo di voce: "Abbassati bastone!". Immediatamente il bastone si rinfilò da solo nella borsa, con un gran sospiro di sollievo di Toni che che aveva ormai la schiena rotta.

Per tutto il tragitto che lo separava dalla locanda Toni rimase pensieroso a meditare sulla lezione ricevuta. Una volta arrivato al ponte di Rialto, lasciò che l'oste lo servisse di cibo e vino, ma questa volta fece ben attenzione a non ubriacarsi. Verso la fine della cena disse con noncuranza: "Sai oste che questa volta l'Uomo Selvatico mi ha regalato un bastone magico? Basta dirgli "Alzati bastone!" e tutto quello che tocca diventa oro. Non vedo l'ora di farlo vedere alla mia famiglia!".

Come Toni se ne fu andato a letto e si addormentò, l'oste radunò moglie e figli per impadronirsi del bastone fatato e vedere quali portentose meraviglie poteva fare, trasformando in oro tutto quello che voleva. Non contento di quello che aveva già rubato a Toni, questa volta voleva diventare proprio ricco sfondato; la sua avidità pareva essere senza fine. Ma al comando, il bastone cominciò a scaricare botte a destra e sinistra.

L'oste, sua moglie, i figli, tutti cercavano di fuggire, ma il bastone era più svelto e li raggiungeva dandogliele di santa ragione. Tutti strillavano e non sapevano più cosa fare; alla fine l'oste svegliò Toni implorando un aiuto.

Toni allora rispose: "Io ti posso certamente aiutare, ma prima voglio che tu mi restituisca tutto quello che mi hai rubato: l'asino e il tovagliolo fatato". L'oste, che non aveva altra alternativa per far cessare quella pioggia di legnate che continuava a perseguitare lui e la sua famiglia, accettò. Allora Toni ordinò "Abbassati bastone!" e il bastone si rinfilò nella sua borsa.

Una volta tornato in possesso dei suoi tesori, Toni poté far ritorno a casa, sicuro di essere finalmente ben accolto. I regali fatati diedero ricchezza e agiatezza alla famiglia, che andò ad abitare in un bel palazzo sul Canal Grande. Toni, grazie alla lezione dell'Omo Salvadego, imparò a essere meno goloso e più saggio.

Una poesia su Venezia

Venezia

C'è una città di questo mondo,
ma così bella, ma così strana,
che pare un gioco di fata morgana
o una visione del cuore profondo.

Avviluppata in un roseo velo,
sta con sue chiese, palazzi, giardini,
tutta sospesa tra due turchini,
quello del mare, quello del cielo.

Così mutevole! A vederla
nella mattina di sole bianco,
splende d'un riso pallido e stanco,
d'un chiuso lume, come la perla:

ma nei tramonti rossi affocati
è un'arca d'oro, ardente, raggiante,
nave immensa veleggiante
a lontani lidi incantati.

Quando la luna alta inargenta
torri snelle e cupole piene,
e serpeggia per cento vene
d'acqua cupa e sonnolenta,

non si può dire quel ch'ella sia,
tanto è nuova mirabile cosa:
isola dolce, misteriosa,
regno infinito di fantasia...

Cosa di sogno, vaga e leggera:
eppure porta mill'anni di storia,
e si corona della gloria
d'una grande vita guerriera.

Cuor di leonessa, viso che ammalia,
o tu, Venezia, due volte sovrana:
pianta di forte virtù romana,
fiore di tutta la grazia d'Italia.

Diego Valeri

 # Curiosità

Che cos'è l'Harry's Bar?

Un famoso bar e ristorante che si trova vicino a Piazza San Marco, molto frequentato dagli americani (era il bar prediletto dello scrittore *Ernest Hemingway*). Una specialità inventata dal proprietario, Arrigo Cipriani, è il famoso cocktail Bellini, a base di succo di pesca bianca e vino prosecco. ~ p. 113

Cosa sono i barbacani e i mascheroni?

I barbacani sono strutture in legno poste alla base del primo piano, che aumentano la superficie dell'abitazione senza invadere la calle. I mascheroni sono delle teste di uomini o figure grottesche scolpite in pietra, usate come motivo decorativo nelle facciate dei palazzi.

Perché in fondo alle Mercerie, vicino alla torre dell'Orologio di Piazza San Marco, c'è il busto di una vecchia col mortaio?

Ricorda un fatto curioso che avvenne nel 1310, durante la congiura di *Bajamonte Tiepolo* e *Marco Querini*. Il complotto fallì perché una vecchia, sentendo rumore in calle, si affacciò alla finestra facendo cadere inavvertitamente il mortaio (che serviva un tempo per macinare il sale o le spezie), che andò a finire proprio sulla testa del portabandiera dei rivoltosi, uccidendolo. La Repubblica in segno di riconoscenza permise alla vecchia di restare nella sua casa senza pagare l'affitto e le dedicò il busto in pietra.

Ricordi di viaggio

La mia foto preferita
Appunti di viaggio
Disegno Venezia
La mia classifica

La mia foto preferita

Sul portone qui disegnato, attacca la foto dell'angolo di Venezia che ti è piaciuto di più.

Appunti di viaggio

Riflessioni, appunti, pensieri... via libera con la scrittura!
Qui puoi scrivere tutto quello che ti ha particolarmente colpito di Venezia.

Disegno Venezia

Hai pronti matite e colori? Questa pagina è riservata al disegno della "tua" Venezia, a come tu vedi questa città sospesa tra acqua e cielo.

VENEZIA

La mia classifica

Fai la classifica di cosa ti è piaciuto di più. In questa pagella, dai il tuo voto espresso in stelle:

⭐ = mmhh… così, così   ⭐ ⭐ = buono   ⭐ ⭐ ⭐ = wow, super!!!

 # Curiosità

Che cosa rappresenta la figura segnavento posta sulla Punta della Dogana, vicino alla chiesa della Salute?

La dea Fortuna, che sta sul globo dorato del mondo, sostenuto da due giganti in bronzo chiamati Atlanti.

Che cos'è la Biennale?

La *Biennale d'arte contemporanea* è una mostra internazionale che si tiene ogni due anni nei padiglioni vicino ai *giardini di Castello*. In occasione della Biennale d'arte, vengono esposte le opere più interessanti di artisti di ogni continente; con la *Biennale di architettura*, invece, si raccolgono i progetti, le foto e i modelli più significativi degli architetti più importanti del mondo.

> **PISCINA DE FREZZARIA**

Che cosa sono i nizioletti veneziani?

Sono delle targhe dipinte sui muri esterni delle abitazioni che indicano il nome della *calle, fondamenta, salizada, piscina, corte, riva, campo, ramo, sestiere, rio terà o sottoportego.* ↪ pp. 29-31 *Nizioletto* significa lenzuolino: pare che un tempo i nomi fossero scritti su ritagli di stoffa bianca simili a piccoli lenzuoli.

Che cosa si racconta della nobile famiglia Labia?

I Labia, erano una delle famiglie più ricche di Venezia. Si narra in proposito che *Gian Francesco Labia*, alla fine di un banchetto a cui aveva invitato altri nobili veneziani, gettò in canale piatti d'oro e argenteria dicendo: "L'abia o non l'abia, sempre Labia!" (Che ce l'abbia o no, sarò sempre un Labia!). **Palazzo Labia**, che si trova tra la stazione ferroviaria e il *ponte delle Guglie*, è oggi sede della RAI del Veneto.

Indirizzi utili

Per le informazioni turistiche in generale

Apt Venezia
Centralino 041 5298711
Sede della stazione ferroviaria **Santa Lucia**   *telefono 041 5298727*
Sede di **piazzale Roma** (all'interno del garage comunale)   *telefono 041 5298746*
Sede di **piazza San Marco** (vicino al museo Correr)   *telefono 041 5298740*
"Venice Pavillion" (vicino all'Harry's Bar)   *telefono 041 5225150*
Sede del **Lido**, viale S.M. Elisabetta 6   *telefono 041 5298720*
Sede dell'**aeroporto Marco Polo** di Tessera   *telefono 041 5415887*

Informagiovani
Villa Franchin, viale Garibaldi 155, Mestre   *telefono 041 2747637*
Per avere informazioni e consulenze gratuite riguardo a turismo, vacanze, scuola e lavoro. Presso la sede troverai una ricca biblioteca con numerose riviste sul mondo givanile e delle bacheche riservate a piccoli annunci e varie iniziative.

Cts (Centro turistico studentesco)
Dorsoduro 3252 (vicino a Ca' Foscari), San Marco 1529   *telefono 041 5205660*
Per avere ogni tipo di informazione sulle opportunità di viaggio in Italia e all'estero con tariffe agevolate per studenti e giovani fino a 26 anni.

Centro di prenotazione guide turistiche
Associazione Guide Turistiche   *San Marco 750, telefono 041 5209038*
Visite guidate al museo ebraico e alle cinque sinagoghe   *telefono 041 715359*

Rolling Venice e Carta Giovani
Sono card che garantiscono agli associati sconti particolari sui mezzi di trasporto, o sui biglietti di ingresso di cinema, musei, mostre espositive ed eventi. Inoltre permettono di fare acquisti a prezzi interessanti in alcuni negozi convenzionati presenti in città.
Rolling Venice: acquistabile presso ogni punto "Vela" dell'ACTV;
Carta giovani: puoi richiederla agli uffici dell'Informagiovani.

Siti Internet
www.turismovenezia.it
www.govenice.org
www.virtualvenice.net
www.venetianlegends.it
www.venetia.it

Per muoversi in città

Trasporti pubblici

I trasporti pubblici in città sono svolti dall'ACTV ⌒ pp. 49-50
È preferibile munirsi di biglietto prima di salire a bordo per non pagare un sovrapprezzo. Il **biglietto ordinario** vale per una sola tratta, ma è anche possibile acquistare un **biglietto giornagliero** o il **pass per tre giorni**. I residenti nel Veneto possono richiedere la **Carta Venezia** che consente di viaggiare a prezzo notevolmente ridotto.
I trasporti tra Venezia e la terraferma sono svolti dai **bus arancioni** dell'ACTV o dai **bus blu** dell'ATVO, con partenza da piazzale Roma.
ACTV informazioni   *Call-Center VELA telephone 041 2424*
ATVO informazioni   *centralino 0421 383671*

Gondole-traghetto del Canal Grande
San Marcuola-Fondaco dei Turchi   *8-13 (eccetto domenica e festività)*
Santa Sofia-Pescheria   *7-20.55 (domenica e festività 7.30-18.55)*
San Silvestro-Riva del Carbon   *8-14 (eccetto domenica e festività)*
San Tomà-Ca' Garzoni   *7-20.55 (domenica e festività 8-19.55)*
San Samuele-Ca' Rezzonico   *8-13.15 (eccetto domenica e festività)*
Santa Maria del Giglio-La Salute   *7-20.55 (inverno 8-18)*

Per il tempo libero

VeNice Internet Point
Cannaregio 149   telefono 041-2758217 (aperto tutti i giorni, 9-23)
Hai bisogno di collegarti in rete o di far stampare le tue foto digitali?
A due passi dalla Stazione Ferroviaria di Santa Lucia, trovi un Internet Point dotato di moderne postazioni tecnologiche per navigare in Internet con la massima velocità e con l'assistenza di personale specializzato. Puoi accedere a diversi servizi, come ricezione e invio fax, Web Cam, stampe da media digitali, masterizzazioni e scansioni.
È inoltre possibile acquistare molti articoli di software e hardware e fare chiamate internazionali. Sono previsti sconti e agevolazioni per gli studenti.

Noleggio biciclette
Giorgio Barbieri   *via Zara 5, Lido di Venezia, telefono 041 5261490*

Per gli acquisti

Alberto Valese - carta marmorizzata
San Marco 3471

Nel suo laboratorio, Alberto Valese dipinge a mano la carta e la seta con la tecnica della marmorizzazione secondo un antico sistema tradizionale di origine giapponese, poi diffuso in Europa dai turchi nel Medioevo. Nel negozio, che si trova tra campo Santo Stefano e campo Sant'Angelo, oltre a diversi oggetti di carta come quaderni, rubriche, portamatite, cartelline e album fotografici, sono esposte anche sciarpe e cravatte di seta, il tutto in splendide sfumature e venature di colore.

Papier Maché
Castello 5175

Ti piacerebbe vedere come si fa una maschera?
Ecco un indirizzo veramente speciale: in calle lunga Santa Maria Formosa (vicino all'omonimo campo) puoi visitare questo laboratorio artigianale dove ti verranno illustrate le varie fasi della lavorazione di una maschera:dall'impasto della carta pesta, fino alla decorazione finale. Oltre al laboratorio c'è anche il negozio, dove sono in vendita bellissime maschere di tutti i tipi.

Mondonovo
Dorsoduro 3063

In chi ti vorresti trasformarti? In Sherlock Holmes o nel faraone Tutankhamon? Cristoforo Colombo? Pinocchio oppure Calimero? Da Mondonovo, non hai che l'imbarazzo della scelta! Nel piccolo laboratorio vicino a campo Santa Margherita vengono prodotte le meravigliose maschere esposte, tutte rigorosamente fatte a mano. Realizzate in cartapesta, e curate in ogni piccolo dettaglio, riproducono fedelmente personsggi di ogni epoca e genere da appendere al muro a far bella mostra di sé, quando il carnevale è finito.

Top One
San Polo 2718

Se desideri acquistare qualche regalo o un piccolo ricordo di Venezia, non dimenticare le famose produzioni artigianali in vetro di Murano. In questo negozio vicino a campo San Polo, troverai tantissimi oggetti in vetro per tutte le tasche: famiglie di animali, ciondoli pendagli, orecchini, braccialetti, bottigliette portaprofumo, piattini, cornici da fotoscatolette porta pastiglie, fermacarte... La lavorazione è in vetro soffiato o a lume, spesso decorata con murrine. ⌒ p. 117

Molin giocattoli

Cannaregio 5899

Un bel negozio di giocattoli a Venezia, lo trovi vicino a campo SS. Apostoli, sul ponte San Giovanni Grisostomo, chiamato dai veneziani "ponte dei Giocattoli". Curiosando scoprirai che ci sono giochi per ogni età e per tutte le tasche: *Micromachines, Transformers,* articoli di modellismo, anche radiocomandati, mostri, *peluches,* bambole di tutti i generi con vestiti e accessori, *puzzles,* mappamondi gonfiabili, articoli di giocoleria, giochi di abilità, giochi di società, costruzioni ed altro ancora, oltre a tutte le ultime novità ben assortite.

Emporio Pettenello

Dorsoduro 2978

Questo vecchio emporio in Campo Santa Margherita risale al 1889: una tradizione di oltre cento anni che lo rendono un vero paradiso dei giocattoli. L'atmosfera sembra essere rimasta quella di un tempo anche se, naturalmente, c'è una vasta scelta di giochi moderni. Gli articoli esposti nei vecchi scaffali sono in grado di accontentare i desideri di tutti: caleidoscopi, carillon, macchinine di latta, completi in miniatura per le case di bambole, giochi didattici, puzzle di tutti i tipi, mappamondi, giochi di società, animali in miniatura e a carica, yo-yo, riproduzioni di giocattoli d'epoca, e tanto altro ancora.

Il Baule Blu - Giocattoli d'epoca

San Polo 2916

Ti piacerebbe scoprire quali erano i giochi preferiti dei tuoi genitori o dei tuoi nonni? Basta entrare in questo insolito negozio in campo San Tomà, dove troverai una grande scelta di rari giocattoli d'epoca (dai primi del '900 agli anni Cinquanta), pazientemente restaurati e "rimessi a nuovo" dalle due proprietarie, prima di finire in vetrina. In particolare, il negozio è specializzato in *peluche* – soprattutto orsetti – di tutti i tipi e dimensioni (anche a grandezza naturale), ma ci sono anche giocattoli in legno, bambole in porcellana o in celluloide, marionette e tutto quanto appartiene ai bei tempi andati.

Swatch Store

San Marco 4947

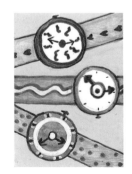

Situato tra Rialto e San Marco, questo negozio è il tempio per tutti gli appassionati dei celebri orologi svizzeri. Collezioni di orologi pazzi, bizzarri ed eccentrici, ma anche classici, sportivi, ultrapiatti o disegnati da artisti famosi: in un mare di proposte simpatiche e divertenti troverai sicuramente lo swatch che fa per te.

Testolini
San Marco 1744

Dietro Piazza San Marco, non lontano dal Bacino Orseolo, Testolini dispone di uno spazio e una varietà di articoli che, per Venezia, è decisamente notevole. Il reparto cancelleria, grafica e belle arti è molto fornito; esiste anche un settore riservato agli articoli da regalo, per l'ufficio e prodotti per l'informatica.

Disney Store
San Marco 5257

Si trova in campo San Bortolo, proprio ai piedi del ponte di Rialto. Con il sottofondo dello schermo TV gigante che trasmette continuamente brani tratti dalle avventure dei simpatici personaggi della banda *Disney*, puoi dare un'occhiata ai tantissimi articoli proposti: orologi, articoli di cartoleria, videocassette, animali di *peluche, gadgets*, ma anche articoli per il bagno, per la casa e accessori vari. Da non dimenticare le numerose proposte di abbigliamento per gli appassionati di Topolino e Paperino.

Cacao
Cannaregio 5583

In campo Corner, tra campo San Bortolo e campo SS. Apostoli si trova questo negozio di abbigliamento per i più giovani. Per ogni stagione propone nuovi capi dallo stile frizzante e coloratissimo sia sportivi che eleganti, corredati da numerosi accessori.

D.M. Venezia
San Marco 5545

Se sei un appassionato di maghi, unicorni, fate, elfi e cavalieri o stravedi per le carte *Magic, Warhammer, Star Trek* e *Dungeons and Dragons*, questo negozio a due passi da Rialto è il tuo paradiso! Oltre ai classici soldatini storici dipinti e miniature da collezione, troverai anche diversi gioci da tavolo, articoli da modellismo, *Action Figures*, interi eserciti per *War Games* e tutte le novità del genere *Fantasy*.

Da segnalare un interessante settore di manuali per giochi di ruolo e un'ampia scelta di fumetti manga giapponesi. Bellissime le scacchiere a soggetto storico, con gli eserciti schierati di Crociati e Saraceni o le armate napoleoniche contro le truppe inglesi della battaglia di Waterloo.

Numeri utili

Carabinieri	112
Polizia	113
Vigili del fuoco	115
Soccorso ACI	116
Ambulanza	118
Pronto soccorso	041 5294517
Servizio di emergenza veterinaria	041 5294111
Vigili urbani	041 2747070
Vigili urbani Piazzale Roma	041 5224576
Vigili urbani Venezia-Lido	041 5260395
Capitaneria di porto	041 2405711
ACTV info: Call Center VELA	041 2424
ACTV oggetti smarriti	041 2722179
Taxi e motoscafi	041 5222303
Servizio gondola	041 5285075
Ferrovia informazioni	892021
Ferrovia assisenza clienti	041 785670
Ferrovia oggetti smarriti	041 785238
Aeroporto informazioni	041 2609260
Aeroporto oggetti smarriti	041 2609222
Ufficio informazioni del Comune	041 2748080
Ufficio informazioni turistiche	041 5298711
APT reclami	*041 5298710*
Associazione guide turistiche	041 5209038
"Chorus-Chiese di Venezia" informazioni	041 2750462
"Informalmente"	041 2759555
Ostello per giovani fondamenta Zittelle	041 5238211
Ostello per giovani Santa Fosca	041 715775
Centro di prenotazione alberghiera	800 843006
Cinema Giorgione	041 5226298
Cinema Lido	041 5265736

Indice
dei nomi